## CAMBODIAN DRIFTERS

罗舜罗言 著

Billson International Ltd.

Published by
**Billson International Ltd**
27 Old Gloucester Street
London
WC1N 3AX
Tel:(852)95619525

Website:www.billson.cn
E-mail address:cs@billson.cn

First published 2025

Produced by Billson International Ltd
CDPF/01

ISBN 978-1-80377-166-3

©Hebei Zhongban Culture Development Co.,Ltd All rights reserved.

The original content within this product remains the property of Hebei Zhongban Culture Development Co.,Ltd, and cannot be reproduced without prior permission. Updates and derivative works of the original content remain the property of Hebei Zhongban. and are provided by Hebei Zhongban Culture Development Co.,Ltd.

The authors and publisher have made every attempt to ensure that the information contained in this book is complete, accurate and true at the time of printing. You are invited to provide feedback of any errors, omissions and suggestions for improvement.

Every attempt has been made to acknowledge copyright. However, should any infringement have occurred, the publisher invites copyright owners to contact the address below.

Hebei Zhongban Culture Development Co.,Ltd
Wanda Office Building B, 215 Jianhua South Street, Yuhua District, Shijiazhuang City, Hebei province, 2207

谨以此书献给
在柬和即将去柬以及想深入了解柬埔寨的人们

This book is dedicated to those who are in Cambodia, those who are going to Cambodia, and those who want to know more about Cambodia

# 中国美食　飘香海外

小龙坎老火锅柬埔寨－金边桑园区旗舰店

淘蛙（干锅蛙）柬埔寨－金边万景岗一分区店

发展中的柬埔寨-西港（2024摄）

柬埔寨-西港双狮广场（2020摄）

二〇二三年十一月十七日，由中国中央广播电视总台、柬埔寨新闻部和中国驻柬埔寨大使馆联合主办的中柬媒体高层论坛暨第三届中柬文化交流论坛在金边举行。柬埔寨新闻部大臣奈帕德拉(Naipadra)表示，媒体是传播信息、塑造形象、影响舆论的重要力量。柬中两国媒体有着良好的合作基础和广阔的合作空间，为推进柬中命运共同体建设作出了突出贡献，为促进两国政治互信、经济互利、文化互鉴发挥了积极作用。

——《国际在线》李毅和廖丽等

二〇二四年十一月十一日，以"地方行动，共谱柬中命运共同体新篇章"为主题的中柬友城大会在暹粒市召开。柬埔寨王国旅游部大臣华哈（Huot Hak）在致辞中表示，去年来柬中国游客五十四万人次，今年前九个月，来柬中国游客超六十万人次，这表明柬埔寨的旅游业和人文交流离不开中国游客和投资者。

华哈呼吁继续推动柬中友协与中国人民对外友好协会的团结协作，积极宣传柬埔寨的文化传统和旅游资源。

——《高棉日报》今日高棉

# 推荐序一

**秉笔抒写柬中时代华章**

Directly expressing the splendid chapter of the Cambodia Chinese era with a pen

《柬漂》字里行间写实着柬埔寨和中国特有的山水气质和人文精神。她犹如一把密钥，为世界更加深入地了解柬埔寨打开了一扇心灵之窗，让外界有机会更加全面、客观地看待我们的国家和这个世界。柬埔寨王国人民正在和在柬的中国公民一道，用他们勤劳的双手、守正的精神和上进的智慧，积极地为社会、经济与文化的做贡献，共同谱写柬中友谊新篇章。

The lines of "Cambodian Drifters" reveal the unique landscape and humanistic spirit of Cambodia and China. She is like a secret key, opening a spiritual window for the world to gain a deeper understanding of Cambodia, giving the outside world the opportunity to view our country and the world more comprehensively and objectively. The people of the Kingdom of Cambodia, together with the Chinese citizens in Cambodia, are actively contributing to social, economic and cultural progress with their hard-working hands, upright spirit and progressive wisdom, and jointly writing a new chapter in Cambodia-China friendship.

在这个多元共融的时代，我们需要更多的像《柬漂》这样的写实作品，以增进不同文化之间的理解、交流与互信，促进世界的和谐与发展。

In this era of diversity and integration, we need more realistic works like "Cambodian Drifters" to enhance understanding, communication, and mutual trust between different cultures, and promote harmony and development in the world.

我们柬埔寨人民欢迎世界各国朋友来柬旅游观光！欢迎世界各国投资者来柬投资兴业！

We Cambodian people welcome friends from all over the world to visit Cambodia for tourism and sightseeing! Welcome investors from all over the world to invest and develop in Cambodia!

Nguon Heat:

二〇二四年十二月十二日

# 推荐序二

## INTRODUCTION
## 序言

异乡的根,家国的魂
——致《柬漂》的赤子情怀

在东南亚的烈日与季风中,柬埔寨的土地上生长着一群特殊的"候鸟"——他们来自中国,却将青春与汗水浇灌在这片异国热土上。他们被称为"柬漂",是时代的追梦者,是文化的摆渡人,更是家国情怀的无声书写者。《柬漂》这部作品,以深情的笔触为这群漂泊者立传,用真实的故事为他们的生命注脚,更以一颗赤子之心,向世界发出属于华人华侨的坚韧之声。

作者在该作品中将镜头对准了柬埔寨这片充满机遇与挑战的土地。钟方舟辞去安稳工作,为"一带一路"的浪潮奔赴西港;唐韬在异乡的士多店中咀嚼着家庭与生计的苦涩;张景秉用伤痕累累的双手托起债务的重担;罗晓晨在汽修厂里打磨着属于中国人的匠心……这些人物不是虚构的符号，而是千万海外华人的缩影。他们的故事里，有创业的豪情，有生存的挣扎，有亲情的牵绊，更有对故土的眷恋。作者以近乎纪录片式的真实，将他们的喜怒哀乐、悲欢离合一一呈现，让读者触摸到"柬漂"群体跳动的脉搏。

在这部作品中，作者并没有什么宏大的叙事，也没有空喊什么口号，而是呈现出了细碎的生活切片。当钟方舟组织公益招聘会，架起中柬就业的桥梁；当苏戈在暹粒的村落中追寻太爷的足迹，完成家族血脉的寻根；当陈善明用方向盘丈量西港的街道，只为儿子的一张留学通知书——这些场景无不诠释着华人骨子里的文化基因：对家庭的守护，对承诺的坚守，对故土的赤诚。即便身在异乡，他们依然以行动证明，个体的命运始终与家国同频共振。正如书中所言："人性之光，可照亮前行之路；人性之暗，能吞噬理智之光。"而"柬漂"们，正是用微光照亮了中柬合作的未来。

作者更以深远的视野，将个人叙事融入时代洪流。西港从渔村到现代都市的蜕变，中柬产业园区的崛起，金港高速的贯通……这些背景不仅是故事的舞台，更是中国与柬埔寨共筑命运共同体的见证。书中既有对"诈骗天堂""血奴事件"等争议的直面，也有对登革热威胁、烂尾楼困境的真实刻画，但作者始终以理性与温情平衡叙事的张力。他借钟方舟之口道出："西港的挫折不过是时代浪潮中的礁石，不足却步。"这种既正视阴影又心怀光明的态度，正是对"一带一路"倡议下人文交流最深刻的注解。

《柬漂》的珍贵之处，在于它超越了猎奇与偏见，以平等之眼凝视异乡人的生存状态。作者深入走访众多"柬漂"，用十一则故事编织成一部跨文化的生命史诗。书中没有英雄主义的渲染，只有平凡人的坚持：他们用一碗家乡面慰藉乡愁，用一句方言连接同胞，用一纸合同兑现承诺。这些细节让"家国情怀"落地生根,让读者看到,所谓"漂",不是无根的浮萍,而是将文化的根系深扎异土,让中柬友谊的枝叶更加繁茂。

谨以此书,致敬所有在异乡书写传奇的华人。他们或许没有惊天动地的壮举,却以微小的坚持诠释着"家是最小国,国是千万家"的深意。《柬漂》不仅是一部小说,更是一封写给时代的家书——它告诉我们,无论走得多远,中国人的精神原乡,永远在脚下,在心上。

# PREFACE
# 自序

清晨的西港,阳光如同温柔的隆都花,缓缓地洒在崭新的街道上。纪念碑广场上,金色的双狮在阳光照耀下格外引人注目。

街边,挺拔的棕榈树轻轻摇曳着翠绿的叶片,仿佛在低语着早晨的安宁。

行走在索卡沙滩上,微风中裹着一丝咸味,几分清新的海风气息,让人心旷神怡。

目光所及远处,些许楼盘密目网上飘逸的陈旧横幅与碎丝,似乎在述说烂尾所带来的变迁阵痛与历经酸楚。

中午时分,乌云压顶,说来就来的大雨倾盆遽然而下,天空一片朦胧。而顷刻间,阳光普照,空气十分怡人。在拉链式的街道背后,有些低矮的灰的红的琉璃瓦房错落有致,洼地沼泽上点缀着一许生活白色垃圾,随波游弋,十分辣眼。

二〇二〇年夏日,我应学友之邀第一次出国到的第一站——柬埔寨西南部港口城市西哈努克城。人们习惯称为"西港"。

八十年代末,那时的我没有诗和远方,总想把生活过成诗意,可流年不利,志向凌乱,杂草丛生。九十年代后,向南迁徙便是我的人生归依。去探索,去发现,便成为我一生中无尽的所求,而此次我再向南,走进柬埔寨也不例外。

夜晚,我站在酒店高处宽敞的阳台上,瞰视西港城市的灯火,打量着这座被外界贴上"人间炼狱""罪恶之城"标签的前世与今生。

多年前的西港，还只是一个古老而又十分静怡的滨海小渔村，她原本是一位灰头土脸的村姑模样。二〇一六年，中国与柬埔寨签署政府间共建"一带一路"合作文件，自此，西港一个时代的改革开放浪潮奔涌而来，一时间，大量的外资或投机热钱涌入，数十万各路淘金人离乡背井，不畏艰难险阻奔赴这里圆梦。短短几年间，一座现代国际化城市已显雏形。

在柬的学友钟方舟对我如是说："不梦想，无西港。"而在柬埔寨长期工作与生活的人，他们亲切地称自己为"柬漂"一族。

二〇一七年到二〇一九年间，有人说，西港是一段不可抹去的历史，这期间所发生的一切，一次次刷新外界的认知和偏见，一边是快速崛起的现代化新星港口城市，一边是饱受非议的与缅北相提并论的"诈骗天堂"。让人爱恨交加的西港，让无数人在这里翻身，也有无数人在这里倒下。

古人云："一叶障目，不见泰山。"西港仍绽放着她那份自始的独特的魅力，即便是在成长过程中遭遇的一些挫折，亦不过是时代前进浪潮中偶遇的一枚微不足道的礁石，不足以让我们却步，也无需谈之色变。这是学友对西港的客观看法。

正如现代作家刘墉所说：一盏一直亮着的灯，你不会去注意，但是如果它一亮一灭，你就会注意到了。

西港，这片热土早已超越了过往的非议与偏见。作为"一带一路"沿线的典范，根据《二〇三〇西哈努克省多功能经济示范区总体规划》，西港人口将从目前的三十万快速增到一百万。城市的每一次蜕变，每一个细节的更新，都预示着国家战略蓝图的逐步实现。西港正沿着既定的轨迹，稳步迈向其应有的发展道路，完成被国家赋予的新时代使命。我所见证的西港,是一座正在崛起的新星城市,她充满了无限的可能与希望。

"下南洋"这一历史术语早已淡出人们的视线。在新的时代背景下,随着"一带一路"建设的推进,中国与沿线国家的劳务合作和人文交流得到了进一步的加强,为务工者提供了更多的就业机会和职业发展路径选择。这是中国社会经济发展的重要成果之一,也是中国政府积极推动国际合作和交流的重要体现。

在这个新的历史浪潮翻腾中,更多的中国务工者向南迁徙到柬埔寨,他们用勤劳的双手,坚忍的意志,守正的品质,写意着柴米油盐与人生的新光泽。

人性之光,可照亮前行之路;人性之暗,能吞噬理智之光。

面对外界饱受诟病的西港,我也带着种种疑问和深深的不解,希望通过以人性的视觉去倾听、去解读、去见证他们最真实的打拼生活。

"柬漂"中有人说:世俗与偏见,犹如锋利之刀,会刺痛人的身;理解与关爱,犹如冬日暖阳,将温暖人的心。

在近五年时间里,我得到了 AY 国际 CEO 廖泓先生的大力支持与帮助。我无数次往返于西港与金边等地,在湄公河上,在七星海旁,等等,走进在柬工作者与创业者群体中,我既感受他们被外界偏见所鄙视的无奈,又体会到他们为梦想,艰苦奋争的酸痛与坚韧执着的生命。对于我的到来,他们或欣然接受,或最后打消顾虑毅然应之。本书在对话近三百位"柬漂"者中,挑拣见证了十一位在柬工作者的奋进经历。

虽文意斑驳,但却具真心与努力。

这是我到柬码字的初衷。

二〇二五年元旦于柬埔寨首都金边

# 目录

遇见 \ 001

柬漂生活 \ 025

寻亲之路 \ 041

重负在肩 \ 062

挫折与新生 \ 078

我只是在柬干汽修工 \ 099

嘟嘟快跑 \ 130

一诺千金 \ 147

山海情缘 \ 167

敢拼才会赢 \ 178

湄公河上的彩虹 \ 195

后记 \ 206

# 遇见

## 一

初遇在柬埔寨的钟方舟时，他很忙。

我和钟方舟是同届校友，两人之间很是随意，在几多寒暄后，他匆忙走出办公室。

我站在偌大的落地玻璃窗前，心理还是有些失落感。

一位讲中文的同事进门，热情向我打招呼："先生！我姓周，请用茶。"

"谢谢小周！你忙，他让我稍等一会。"我回应道。同事带着微笑，礼貌地走出了办公室。

也好，这是给予了我个人的空间，可以沉浸在这份宁静中。我站在落地窗前，西港的城市与海岸美景一览无余。

西哈努克山，这座城市的灵魂所在，她静静地伫立着，俯瞰着周围的变迁与世间的繁荣。

山脊与半山处，一栋栋楼盘公寓、别墅与多样的热带植物环绕山间，鸟儿翔翔，绿意生生，呈现出大自然与人类和谐共处的人文韵味。

远处，夕阳余晖在海平面上铺开，椰林掩映下的海岸线上，细软的白沙宛如一条银色的长毯，一直延伸至水天相接处。星星点点的渔船正缓缓归航……

学友办公和居住的公寓楼坐落于风景如画的山脊之上——西哈努克山。一小时后，钟方舟轻手轻脚地推开办公室的门，略带歉意地说："抱歉，久坐了。"

我轻轻回应了一声哼，打断了他的道歉："老同学之间，咱们不说这个了。"

"那我们今晚就以大海为伴，来个围炉夜话，好好叙叙衷肠。"钟方舟提议道。

自大学毕业以来，我和学友钟方舟各自踏上了不同的人生旅程。记忆中的他，总是以一种内敛的性格示人，话语不多。然而，如今的他已变得如此干练、执着且亲切，宛如脱胎换骨一般。

我思忖着，这或许是他在异国他乡岁月磨砺的结果，是时间的馈赠吧。

## 二

钟方舟来自千年水乡古镇。那里一湖二河穿境而过，静谧地卧在苏北一隅，时光在这里似乎流淌得更为缓慢些。古镇的石板路，被岁月磨砺得光可鉴人，每一步踏过，都能听到回音细碎，仿佛是历史的呢喃。

早晨，河面上，轻雾缭绕，如丝如缕，与河岸边的垂柳轻舞，构成了一幅淡雅的水墨画。店铺前的老式招牌，字体斑驳，却依旧散发着岁月的韵味。商贩的叫卖声、行人的谈笑声，写意古镇的每一块砖、每一片瓦都在这声音中苏醒，继续着它们宁静而又生动的日常。

钟方舟在这里长大，对古老文化的热爱早早植根于内心。大学毕业后，他进入了一家报社工作。

有人因古镇静怡安然慕名而来。

而生长这里的钟方舟，心中时时涌起对未知世界的向往，他要向远方去……

"好好的工作辞了，还要出国到柬埔寨去折腾，为什么呀？！"妻子对钟方舟的决意很是生气。

一辈子没出过远门的父亲对钟方舟很是理解："听说柬埔寨又穷又乱，你可要想仔细点。"

钟方舟在决定要出国之前，妻子与父亲所讲过的话语。此时在他耳边回响。

"万一外出找不到一份好的工作，你的退路不是堵死了？"我对学友钟方舟而毅然辞掉安稳的工作有些不解。

"断其后路，方能更好的可能。"钟方舟的话带有人生的哲理性。

钟方舟面对家人的反对，他需要考量更多。离乡背井，亲人分离，养老尽孝，家庭生活支撑，孩子培养，以及人身安全等因素，这些人生课题时常在脑海里反刍，游弋。那段时间，钟方舟难以入眠。

看报纸，上网搜资讯成了他了解外面的日常。二〇一六年十月十三日，中国与柬埔寨签署政府间共建"一带一路"合作文件，钟方舟坚定了到柬埔寨探索人文与生活的极大信心。

二〇一六年尾，上海浦东国际机场，人流如织，明亮灯光照亮着人们前行之路，每个人似乎都在憧憬着属于自己的梦想旅程。

妻子的话不多，在闸机边，不时抬头望向丈夫，眼中闪烁着晶莹的泪光。她努力掩饰着内心的波动，嘴角勉强挤出一丝微笑，试图让这一刻变得轻松，挥手与丈夫告别。这一刻，钟方舟心生酸楚。与爱人生活十多年来，没有能力让一家人出国旅游，钟方舟很是内疚。他心想今后一定要补上。

"同学，你相信缘分吗？"钟方舟边倒吴哥啤酒边问我。

"你遇到了？"我发出疑问。

我此时想，也许缘分即使与你擦肩而过，也会兜兜转转与你再相见。

酒过三巡，钟方舟有些感触地说，他出国是旅游签到首都金边，起初的想法是去吴哥窟等地转转，写点旅游见闻，求点在柬的生活开销费。

钟方舟怎么也没想到，妻子购买的公务舱票为他带来了意外的缘分之喜。

飞机在万米高空飞行，钟方舟起初沉默不言，在翻阅座位上报纸和航空杂志。邻座一位穿着讲究带着老光眼镜的老者主动向他搭话："第一次出国？"

"是的，先生。"带着厚片眼镜的钟方舟回答道。

"去探亲或是旅游？"

"算是旅游吧。"钟方舟带着一分好奇，"先生，您是？"

老者讲，他姓苏，是下南洋的华裔后代，住在金边。

起初，钟方舟并不知道老者是一位柬埔寨商业界大亨，从言谈举止感觉到像是一名大学教授或社会研究学者。

下飞机前，他们互加了联系方式……

走出机场后，钟方舟犯烟瘾了。我知道他在大四时就开始学抽烟了。他在机场出口旁的一家当地商店，花一美元购买一个普通打火机，在的士候车处点燃一支香烟，他深吸一口，悠然自得。

忽听，"No smoking！ No smoking！"一位配枪警察模样向钟方舟走来，用手机好像在拍照取证之类的动作。之后，那人打着数钱的手势，口里低声向钟方舟嘀咕："coffee！ coffee！"

钟方舟心理纳闷，在柬埔寨难道不让人吸烟？

钟方舟抬头不远处，墙上果然贴着一张"严禁吸烟"的柬英双语标识牌。

钟方舟喃喃自语：自己老土了。

傍晚的金边机场，在夜色中显得更加小巧玲珑。

坐在出租车上，钟方舟心情郁闷，因自己吸烟被警察被带到一角落处索走了五美元。他心想，在国内或许能够自己一家人一天的生活开支了。

第一次出国不懂文明，又身在异国他乡，钟方舟不敢要取收据。他后来才得知，是这里某些执法潜规，就如华南一些地区所讲的"茶水费"。

据简单网，出入境柬埔寨不收小费早已列入法律法规。二〇二四年十月，柬埔寨移民总局再次发布视频强调，移民局官员严禁向任何出入境的国内外旅客收取小费。如今，这一现象已得到了彻底的改观，收取旅客小费的现象就此终结。

机场到预定的酒店仅为八公里车程。一路堵车，十多小时赶路的钟方舟，此时饿得慌，在车里不时叹气。

"第一次来柬埔寨吧。"司机用中文问道，语言简短，直接。

钟方舟沉默不言语。

司机也许是想打消钟方舟的顾虑，"我也是中国人，来机场开出租已有一二年了。"

又一次遇见语言相通的人，钟方舟心想，难道我的柬埔寨之旅注定要美丽。他此时心里有些许庆幸和释然。

下午五时，都市下班的高峰期，过机场路后，马路变为双向四车道，十字路口不见有立交桥，一路红绿灯众多，汽车、三轮嘟嘟车、燃油摩托车与行人交织，还算井然有序。

一路上，钟方舟与司机聊得很是愉快。

当夜幕低垂至七点，钟方舟终于抵达了预定的酒店，安顿下来。这家酒店虽不及国内那些上乘的经济型旅馆豪华，却也要价不菲，一晚的普通房费高达五十美元。钟方舟不禁对金边的高物价发出了由衷的感叹。

## 三

钟方舟起了个大早。他要赶往暹粒，这个古老而神秘的地方所在。

金边的早晨，阳光金色般透过稀疏的云层，洒落在古老的黄檀老树上。晨空中带着一丝暖意，弥漫清新与纯净。人行道上，偶见几多晨练的跑者，本地的、欧洲的以及华人。古老的皇宫在晨光的映照下，仿佛被涂抹上了一层金色的光晕，显得格外庄重而神秘。几只灰鸽悠闲地踱步，偶尔抬头望向天空，仿佛在寻找那第一缕阳光的温柔。

早餐后，钟方舟坐上出租车一路向西，中国援建的六号公路还在修建，经美丽的洞里萨湖畔后，大巴颠簸在六号国道上，时而尘土飞扬。钟方舟透过车窗，道路两旁的树木愈发密集，仿佛是大自然的屏障，将喧嚣的世界挡在外面。沿途商铺小贩在路边兜售当地的特产，热带鲜艳的不知名的水果和色彩斑斓的民间手工艺饰品，为公路增添了几分生动的姿色。

从金边的繁华与喧闹，到一望无际的绿意田野，大巴车带着钟方舟仿佛穿越了一个古老而神秘的时空隧道。

傍晚时分，钟方舟到达暹粒。

暹粒，犹如一颗被时光轻拂过的珍珠，散发着古老又现代城市的光芒。暹粒城依傍暹粒河而建，河水悠悠，滋养着吴哥王朝文明的荣光。吴哥窟因是暹粒的灵魂所在，在近些年，随着历史的尘封被重新唤醒，旅游业快速发展，在国际舞台上璀璨夺目。

第二天，钟方舟要到吴哥窟去。

清晨的暹粒城，历史沉淀与现代烟火交相辉映。

早八点的酒店门外，一位皮肤黝黑的中年司机走下出租车，微笑着朝钟方舟打招呼："落哥，带巴萨奥格哇？[1]"

钟方舟疑惑柬埔寨人对陌生人这样热情么。

毕业后因语言环境，对于他少了些与人柬语沟通，没承想，他现在来到了这个环境里。

"带巴萨奥格！"钟方舟回话道……

中年司随后回车拿出一张泛黄的吴哥窟景区宣传单，他们心领神会，相视一笑。

从暹粒所住酒店到吴哥窟景区仅四公里车程。

进入吴哥窟的那一刻，钟方舟感叹，时间仿佛被凝固，周围的空气也弥漫着古老的神秘。眼前，巨大的石塔群在热带阳光的照耀下，散发出金色的光辉，如梦似幻。斑驳的石头表面，是历史留下的痕迹，每一道裂缝、每一块青苔都诉说着千年的沧桑。

石阶两旁，是被热带雨林与战火吞噬的残垣断壁，巨大的树根紧紧缠绕着石柱，仿佛在与古老文明进行一场永恒的对话。树影摇曳，风穿过残缺的窗棂，带着远古的气息迎面扑来。

钟方舟走进吴哥窟遗址中，他仿佛穿越了时空，回到了那个曾经繁荣昌盛的高棉王朝。一座座用石头堆调的殿堂，一草一木、一潭一水都充满了生命力，它们在岁月的长河中静静如斯，见证着历史的变迁，诉说着古老文明的辉煌与微笑。

大自然的美丽和人类文明的辉煌交织在一起，让钟方舟不禁感

---

[1] 落哥，带巴萨奥格哇，高棉语，"先生，去吴哥窟么？"

叹这处世界的壮丽与神奇。

三天后，钟方舟要向柬埔寨最南部出发，他想，哪里的海岛应该还是一片处女地，有着最原始的部落生态吧。

钟方舟坐车路过西港城，西港城说是城还算不上城，当时的马路大多还是泥巴路，坑坑洼洼，没几座像样的大楼。

在西港西边的渔人码头，有两艘崭新的快艇停靠，海面浪大风大，快艇随浪摇摆不定。

一名当地人用生硬的汉语向游人吆喝：高龙岛，去高龙岛……

一番交流后，钟方舟得知他的中文名字叫潘志成，是一名度假酒店快艇驾驶员，熟悉的人都叫他"小黑"。土生土长的高龙岛原住民，十五岁开始在海上讨活。个儿不高，粗壮干练，对游客很是热情、恭谦。几年里多与中国旅客打交道，能用简单的中文交流。

高龙岛位于西港西海岸，是柬埔寨最大的岛屿，渔人码头距离高龙岛约十六海里。

小黑驾驶快艇在海面上快速行驶，海浪撞击艇身水珠四处飞洒，游客们发出一声声惊呼。远处，宽阔的深蓝的汹涌的海上，不时有大型货船经过，几艘快艇划出一道道白色的尾线渐渐消失在视野外。

大约五十分钟后，快艇驶达高龙岛。进入住宿地还需经嘟嘟车转送。车在当地人开出的泥路上行驶，不时有雨水冲出的坑洼颠簸，偶有吊脚小屋在两边密林中散落。

小黑很是热情，亲自带钟方舟到度假酒店办理了入住。

他跟钟方舟讲，岛上的原住民不多，之前以渔业为生，到西港购买物资极为不便，生活非常封闭。岛上慢慢开发后，开启了更多的城市文明链接。

晚饭后,钟方舟走在细软的白色沙滩上,海风拂面。海湾处,海水如宝石般晶莹剔透、温润如玉,几米的深处还能见鱼翔浅底。难怪会有人把高龙岛的海水赞美为"玻璃海水"。不远处,海面泛起细微的波纹,宛如细碎的钻石,在阳光下熠熠生辉。更远处,海天相接,一片湛蓝与余晖色彩交织在一起,让人感受到无尽的自由与广阔。

来到这里,时间仿佛凝固,所有的烦恼都被抛诸脑后,只有透蓝的海水、细软的沙滩和温暖的阳光,让人心灵得以彻底的放松与沉淀。

此时,妻子发来信息,海岛上可能凉风大,叮嘱钟方舟要注意身体。

钟方舟回复完妻子的信息后,他决定要在这岛上短暂的放空自己,是为了更大的梦想去实现。

在这段旅程中,钟方舟邂逅了西港,并深入体验了那里最为迷人的高龙岛。他凭借其独到的眼光和深刻的观察力,生动地记录下了这片土地上的风土人情和社会风貌。

他游走于历史悠久的吴哥窟,穿梭于金边市中心的繁华街道,又漫步于宁静的海岛和乡村之间。通过他的文字和镜头,向世人呈现了一个栩栩如生、色彩斑斓的柬埔寨。

## 四

回到金边的钟方舟，已在柬埔寨各地走走停停二十余天，一旦在三十天内拿不到工作签就须结束柬埔寨之旅了。他不免有些着急。

他自从与苏先生在金边机场告别后，期间一直保持着联系。

苏先生用微信发来信息："小钟，在哪里？"

"苏老，我在金边，谢谢！"钟方舟快速回复。

"有空，明天下午来我公司坐一坐。"苏老发出要求。

"好的，谢谢苏老的盛情。"钟方舟发出感激。

苏老偌大的办公室在一座高楼的顶层，属金边标志性建筑之一。透过大幅的落地窗可二百七十度俯瞰城市的容貌。

钟方舟通过与苏老真诚的交流得知，苏老一直在关注他朋友圈与旅行博文动态。

由于西港的城市发展将进入快车道，苏老诚意邀请钟方舟统筹柬讯融媒体西港站的筹办与运转。这是一家给在柬埔寨工作、旅行、生活的柬埔寨华人提供中文资讯和服务的新媒体平台。

钟方舟想，此次能顺利进入苏老的公司，除了难遇的缘分外，还要归结于自己国内的工作经历和所掌握的多语言能力。

钟方舟在办完入职手续后，便去到了西港。他要为所担责任和家庭梦想而去。

公司已在西港自建的物业上设计好了办公区，钟方舟到岗后随即投入到跟进项目与组建人手等工作中。

二〇一七年，西港迎来了发展的热潮，吸引了大量的外界关注和投资。整个城市到处都是建筑工地，城市基础设施建设、房地产、酒店娱乐业、文旅等多个领域蓬勃发展。随之带来的大量人员涌入和一房难求，造成民房出租屋巷子里，垃圾肆意，蚊虫滋生。

三月的一天，钟方舟因超负荷工作出现了感冒症状。他心想，感冒嘛，吃点药几天会好的。

站里一名叫速杰的当地同事，见钟方舟有气无力，精神不佳。关心地问道："怎么啦，生病了？"

"感冒，没事的。"钟方舟回答道。

"有什么症状呢？"速杰追问。

"全身酸痛，有点发热。"钟方舟有点无力地带着笑。

"您犯登革热了，看医不及时是要人命的！"速杰带着肯定的语气。

"可能吗？"钟方舟有些怀疑，他对登革热不甚了解。

速杰要强行带钟方舟去看医生。说："您到医院就知道了。"

到医院后的钟方舟躺病床上了，他犯了重症登革热。医生跟他讲，若治疗不及时真会要人命的。

钟方舟讲，他在鬼门关里走了一趟，在治病期间体重一下降去十公斤。

他感激速杰。这事直到现在都没告诉家人，害怕他们担心自己。

西港的发展可用这句话去形容：拷贝了深圳速度。而钟方舟在忙碌紧凑的那段日子里，没有时间伤春悲秋，而是凭着自己的经验和能力，柬讯西港站在二个月后，就实现了正常的运转。

运转后的第一个周末，钟方舟决定组织站里同事们去索卡沙滩上吃海鲜大餐，一来慰劳大家几个月的辛苦，二来也加深彼此之间的感情。

索卡沙滩边的餐饮店大都为中国人所开，一排排食肆错落有致地排列着，洋溢着浓厚的热带风情。

"与家人分离，你觉得值吗？"听着钟方舟的讲述，我插话道。

"为了自己下半生的梦想而奋斗，现在看来是非常值得的。"钟方舟的话充满着肯定。

钟方舟直言地讲，这份工作，他不仅满怀热爱，更勇于挑战。公司开出了较高的年薪，还享受一年四次的带薪探亲假。因前期工作紧张或后来的种种原因，他没回过一次家。

我想，这就是"一带一路"倡议与国际社会链接的魅力所在，使我们有更多的途径选择圆梦机会与实现吧！

夜幕降临，餐饮店的灯火通明，照亮了整个沙滩。而海浪声愈发宁静，宛如一双慈祥的双手，轻轻地抚摸着沙面。

在这个美丽的夜晚，钟方舟所带领的团队一边在品尝着美食，一边在开创与畅想着属于他们的未来！

## 五

西港在快速发展中……

有人这样描述西港：这座原本宁静的海滨小城，立刻就变身为香飘四溢的烧饼，被开疆拓土的人们神速垒起七星灶，像烤烧饼一样，不断翻烤，地价在空中翻滚着飞涨。

二○二一年的"血奴"事件[2]，让饱受争议的西港再次推到了社会舆论的风口与浪尖。

有人这样说："在柬的中国人并不像新闻和大众印象里那样，都和违法犯罪、电信诈骗有扯不清的关系。在西港，绝大多数的中国人在这里开餐厅、超市、花店等等行业，或是在各国资金背景的工厂中勤奋地工作。"

清华大学的吴维库教授说："这个世界总会有阴暗面，一缕阳光从天上照下来的时候，总有照不到的地方。"

由于柬埔寨8·18禁赌令[3]的持续发力和中柬合作强力打击诈骗，挤压了在城市阴暗处穷途末路一些不法分子的生存空间，他们干起了一些拐卖"人头"的非法勾当。

这一小撮人，如同西港城市垃圾及洼地污水滋生的害虫，在黑

---

[2] 血奴事件，2022年2月12日，一名中国男子自称在柬埔寨被人抽血卖钱。2022年2月28日，柬埔寨警方经过调查后通报，认定所谓"血奴"案纯属编造。

[3] 8.18禁赌令，2019年8月18日，柬埔寨首相洪森签发政令，即日起禁止颁发各种形式的网络赌博执照，并全面整顿网络博彩业。

暗中乱飞，不时侵扰着人们日常的平静生活，让受害人及其家人深受痛苦。

钟方舟给我讲述了这样一段曲折救人的经历：

二〇二二年仲夏的一天，钟方舟收到一位父亲因女儿失踪加他微信的求助短信……

"您是钟记者吗？我有一急事！"

"是的，有什么可以帮到您。"

"我女儿失踪了，急需得到您的帮助！"

经过交流得知，这位父亲姓付，二〇一九年初，在中国沿海城市工作的女儿被公司外派到柬埔寨分公司工作。该公司后因公司资金链断裂等原因，经营走向下坡路。女儿离职后接来父母在西港经营起了一家士多店，期间，一家三口过着既充实又平静的生活。

付先生带着哭声且愤怒地骂到："女儿是在七天前外出进货时失踪的，这该遭天杀的畜生！"

钟方舟安抚着付先生的心情并问道："报案了吗？"

"报案了，可好多天过去了，警察局还没有结果。"

在女儿失踪期间，付先生与妻子在士多店里，极度着急、心焦，彻夜不眠。一边等警察的消息一边在城市的墙上、电线杆上张贴了许多寻人启事。

付先生与钟方舟见面时，让钟方舟查看了他与一些所谓知情人在"T号"[4]上的聊天记录……

"我知道你女儿的消息，但你要准备三千美元。今天下午四

---

[4] T号，即Telegram，又称电报（柬埔寨称T号或纸飞机），属一款不用实名验证就可注册的即时通讯app软件。

点前，你先转一千五百美元预付费，我第三天下午会把你女儿的照片信息发给你的。"这是一位标明"人心向善"发给付先生的内容。

"让我看到你的诚心，你得先支付八百美元，因我先要拿钱打点关系找你女儿的信息，不然，我就没能力帮到你了。"这是另一名标明"柬义工"向付先生发的帮忙寻人信息。

付先生讲，女儿在消失的几天时间里。他收到来自不同所谓爆料人的信息，为了能找到自己女儿到底在哪里？前前后后已经花费所谓的知情费超过十多万人民币。直到现在，他也没有得到什么真实的信息。

"这多半是骗钱的套路，您不要再相信了！"钟方舟向付先生说道。

"啊！那我女儿该怎么办呀！"付先生一边拉着钟方舟的手一边几乎要跪下地说，"请您帮助找到我们老两口唯一的女儿。"

"我一定会尽力的，最快三天给你信息，您不要太激动，以免伤了身子。"钟方舟以此安慰处于心理崩溃边缘的付先生。

其实，钟方舟心里明白，面对这种毫无线索的失踪求助找人，他心里还是没底的。

送回付先生到士多店后，钟方舟心想，自己同一些在柬华人做爱心义工以来，还第一次遇到人员失踪的事例。

当天夜里，钟方舟把这件事的来龙去脉向西港一家酒店姓胡的老总讲了，请他务必尽最大努力给予帮忙。

两天后，胡总发给钟方舟信息："老哥，人已找到，我马上到你处谈。"胡总比钟方舟小几岁，到西港后因住宿接待等一些业务关系，他们一直处得很好，平日里称呼钟方舟老大哥。

虽然，钟方舟知道他酒店接待的是三教九流，他人脉广，渠道多。但没想到好消息来得这么快，着实让钟方舟感到惊讶，也感叹胡总不惧个人安危能挺身而出。

原来付先生的女儿被一个不三不四的经常在士多店购物的人盯上了，还加了他女儿的T号。此类人多为好逸恶劳，适时会编造自己的假身份信息，并游离在罪恶的边缘。

这类人为了赚钱，什么缺德事都有可能干，常常以介绍高薪工作为幌子，一旦被害人进入他们的圈套，就收走其手机和随身物品，被限制人身自由，随后卖给东南亚一些声色场所或诈骗组织，并向对方收取二至五万美元不等的所谓"岗位介绍费"。而实际上，他们是在柬埔寨法律明文禁止下干起了拐卖人口的勾当。

胡总对钟方舟讲，他也是经过多个渠道和层层交织复杂的信息，才确认到付先生女儿的最终下落。对方答应放人，但须支付已经花费的二万美元介绍费。

钟方舟见到了付先生的女儿，她已回到士多店。

付先生有些激动，一边安抚女一边追问道："这是为什么呀！"

"认识了不该认识的陌生人。"女儿向父亲低声说。也许女儿在极力忘却这段痛苦的经历，不愿多说话。

"在这个过程中，体验到了异国他乡的一些无助，也感受到了中国人的团结与互帮。"钟方舟感慨地对我说。

钟方舟也告诫出国的务工者，身处异国他乡的陌生环境，因文化和法规的差异，可能会让我们在不经意间暴露个人隐私，从而给自己带来潜在的风险，给家庭带来伤害。因此，做好自己的安全保护至关重要。

## 六

钟方舟除了日常的采访、编辑等工作外，还做起了公益招聘活动。

夏日的晨曦中，钟方舟的身影已经出现在金海湾广场附近。他的步伐匆匆，眼神中透着一种坚定与专注。作为此次中柬企业公益性招聘会的主要发起组织者之一，他身上的担子可不轻。

钟方舟心里明白，为了让更多中柬务工人员找到心仪的工作，柬讯西港站前期经政府批准后，他积极与企业沟通对接，为招聘会做了详细的准备。

钟方舟正仔细地检查着广场上各个展位的布置情况。桌椅是否摆放整齐，企业的宣传资料是否齐全，这些看似琐碎的细节在他眼中无比重要。

他深知，这场招聘会对于在西港的中国人以及柬埔寨当地民众来说，是一个难得的机遇。他不时地与柬讯网的同事和西港华人公益组织的志愿者们交流着，声音中带着一丝急切，却又条理清晰。

钟方舟穿梭在即将开启招聘的企业代表之间，询问着他们的准备情况。

有位企业代表对他说："钟先生，我们希望能招到一些有语言优势的员工。"钟方舟认真地记录下来，然后回应道："放心，我们在前期宣传的时候已经着重提到了这一点，应该会有不少符合要求的应聘者。"

阳光逐渐变得炽热起来，广场上的人也越来越多，但钟方舟没有丝毫的懈怠。他还在忙碌地协调着音响设备的调试，因为他希望每一位前来参加招聘会的人都能清楚地听到企业的介绍和招聘信息。他的额头已经沁出了汗珠，但他只是随手擦了擦，又投入到下一项工作当中。

金海湾广场上，人潮涌动，热闹非凡。彩色的气球在空中飘扬，巨大的横幅上醒目地写着"中柬企业公益性招聘会"柬中双语大字。展位沿着广场整齐地排列着，每个展位前都聚集着不少求职者。

求职者们手中拿着精心准备的简历，眼神中充满了期待。年轻的柬埔寨小伙子们穿着整洁的衬衫，女孩们也打扮得青春靓丽。他们在各个展位之间穿梭，不时停下来与企业代表交谈，询问着工作内容、薪资待遇和职业发展机会。

而在西港的中国求职者们则更多地关注那些与中柬贸易、文化交流相关的岗位，他们凭借着自己的语言优势和对当地文化的了解，积极地向企业推荐自己。

广场的一侧，还设置了咨询台。柬讯网的工作人员和西港华人公益组织的志愿者们在那里为求职者提供包括语言翻译等各种帮助。有的求职者对招聘流程不太清楚，志愿者们就耐心地解释；有的求职者在选择企业时犹豫不决，工作人员就根据他们的专业和兴趣给出合理的建议。

整个广场充满了活力与希望，不同穿着、不同语言的人们在这里汇聚，共同追求着就业的梦想。

在招聘会的喧嚣中，一个年轻的中国小伙子走向了钟方舟。他看起来有些腼腆，但眼神中透着一股机灵劲儿。

"钟大哥，我真的很感谢你们组织这个招聘会。"小伙子真诚地说道。

钟方舟微笑着回应："这是我们应该做的，你在这里找工作还顺利吗？"

小伙子挠了挠头，说："我觉得机会很多，但是竞争也挺激烈的。我学的是国际贸易专业，我想找一个能发挥我专业优势的工作，最好是能在中柬贸易往来中起到桥梁作用的岗位。"

钟方舟点了点头，说："你的想法很不错。你看那边的几家企业，他们主要就是做中柬贸易的，你可以去深入了解一下。你有专业知识，在语言方面也要多下功夫，像柬语和英语，掌握得越好，你的竞争力就越强。"

小伙子眼睛一亮，说："谢谢钟大哥的建议。我还想问一下，像我们在西港的中国人，在就业时有什么特殊的优势或者需要注意的地方吗？"

钟方舟沉思了片刻，说："你们的优势就是对中柬两国的文化都有一定的了解，这是很宝贵的。但是要注意的是，一定要尊重当地的文化习俗，这样才能更好地融入企业和当地社会。而且在求职的时候，不要只看眼前的薪资，要考虑到职业的长远发展。"

这时，一个年长一些的中国男子也走了过来，他感慨地说："钟先生，这个招聘会真的是雪中送炭啊。我在西港打拼了好几年了，之前一直想换个工作，但是机会不多。今天看到这么多企业，感觉又有了新的希望。"

钟方舟笑着说："这就是我们举办这个招聘会的目的。希望大家都能找到满意的工作，为中柬的交流和发展做出贡献。"

他们的对话在招聘会的嘈杂声中继续着，周围的人不时投来关注的目光，仿佛从他们的交流中也能汲取到一些求职的经验和力量。

这场招聘会的成果如同播下的种子，即将在中柬的土地上生根发芽。

中国的一家电子企业原本计划招聘二十名员工，主要是技术工人和销售人员。在招聘会结束后，他们收到了超过五十份符合要求的简历。企业的招聘负责人满意地说："这次招聘会的质量很高，我们不仅招到了足够的员工，还发现了一些很有潜力的人才。这些新员工将有助于我们进一步开拓柬埔寨市场。"

　　柬埔寨的一家旅游公司也成功招聘到了数名精通中柬文化和语言的导游。公司经理兴奋地表示："这些新员工将为我们的旅游业务注入新的活力。他们能够更好地服务中国游客，促进柬埔寨旅游业的发展。"

　　对于求职者来说，这也是一场充满收获的盛会。许多在西港的中国人找到了心仪的工作。那个学国际贸易专业的小伙子成功地被一家中柬贸易公司录用，他满怀憧憬地说："我很期待在新的岗位上发挥自己的专业知识，为中柬贸易的发展贡献自己的一份力量。"

　　柬埔寨当地的求职者同样有不少人实现了就业梦想。一位年轻的柬埔寨女孩被一家中国制衣厂录用，她开心地说："能在这样的企业工作，我可以学习到很多东西，还能改善我的家庭生活。"

　　钟方舟对我讲："像这样为搭建中柬就业桥梁，我们和相关组织配合，每年至少会举办两次。但此次却显得极为有意义。它能让在柬埔寨失去工作的中国人找到发展的机会，也让柬埔寨民众有机会接触到更多的中国企业。像这样的中柬企业公益性招聘会，就像一座坚实的桥梁，连接着中柬两国的企业和求职者，开启了中柬就业与人文交流的新机遇。"

　　我想，即使钟方舟做不到光芒万丈，但他自己心里始终温暖有光。

## 七

二〇二三年国庆节期间，钟方舟终于实现了家人出国旅游的愿望。

窗外，金黄的阳光缓缓流淌进机舱内，它以热情的姿态轻吻在钟方舟一家六口的脸上。这次柬埔寨之旅，是钟方舟家人们翘首以盼的时刻，他们可以放松心情到外面去看看了。

几个小时的飞行，就像穿越了一段时光隧道，而现在他们已降落在柬埔寨西哈努克省的西港国际机场。此刻，西港机场的气氛似乎都充满了异国风情，让人仿佛置身于一个全新的世界。

当钟方舟看到亲人们的那一刻，全家人的脸上都洋溢着幸福的笑容，他热情地拥抱了每一位家人。钟方舟知道，这是他阔别家人长达六年后的情感拥抱。家人们也知道，这次柬埔寨之旅将会是充满惊喜和欢乐的旅程。在他们的眼前，柬埔寨的美丽风景正在缓缓展开，等待着他们去体验与欣赏。

第三天，钟方舟带着家人前往著名的高龙岛。一家人踏上这座小岛，就仿佛进入了一个世外桃源。蔚蓝色的海水映衬着蓝天白云，金色的沙滩上点缀着几棵椰子树，海风轻拂过脸颊，带来丝丝凉爽。

他们沿着海岸线漫步，感受着脚下细软的沙子和周围宁静的氛围。不远处，一群潜水爱好者正准备潜入海底，探索珊瑚礁和五彩斑斓的热带鱼群。钟方舟提议家人一起尝试浮潜，于是大家穿上潜水装备，跃入清凉的海水中。在海底世界里，五颜六色的珊瑚和形态各异的鱼类令人目不暇接，家人们纷纷赞叹不已。

第五天，钟方舟带领家人参观了西港特区工业城。这座由中国援建的工业园区，不仅为当地创造了大量就业岗位，还促进了柬埔寨经济的发展。走进园区，首先映入眼帘的是现代化的厂房和整齐排列的办公楼。工人们忙碌的身影穿梭其间，显示出这里充满活力的生产景象。

钟方舟详细介绍了园区的历史和发展情况。这里汇聚了来自世界各地的企业，当然，更多的是中国企业。他们不仅带来了先进的技术和管理经验，还为当地培养了许多优秀的人才。园区内的道路宽阔整洁，绿化带生机勃勃，让人感受到一种蓬勃向上的气息。家人们饶有兴趣地参观了几家中资工厂，亲眼见证了这些企业如何高效运作，同时也对中国的援建项目有了更深刻的理解和认识。

第六天，钟方舟驾车带着家人从西港出发，沿着金港高速公路前往金边。沿途风景如画，郁郁葱葱的稻田、散落的民房和远处连绵起伏的豆蔻山脉构成了一幅美丽的画卷。车窗外不断变换的景色让家人们目不暇接，心情也愈发愉悦。

当驶过湄公河大桥时，大家被眼前的壮观景象所震撼。这座桥梁横跨湄公河，连接着两岸的交通，成为柬埔寨重要的交通枢纽。站在桥上远眺，可以看到湄公河波澜壮阔的水景以及两岸繁荣发展的城市风光。钟方舟告诉家人，这座大桥也是中国援建的重要项目之一，它的建成极大地改善了当地的交通状况，促进了区域经济发展。

他们继续前行，一家人来到了七星蓝海城中柬综合试验特区。特区规划布局十分科学合理，既有现代化的城市设施，又有自然生态景观。钟方舟带着家人游览了特区内的多个规划点，包括高科技产业园区、文化展示中心和休闲娱乐设施。每一处都体现了中柬两国合作的成果，展现出未来城市发展的无限可能。

第八天，他们要先参观正在建设中的德崇国际机场。这座机场作为中国承建的重点项目，建成后将成为柬埔寨最大与最智能的国际航空枢纽。站在施工现场，家人们被眼前的繁忙景象所吸引。工人们正在紧张有序地进行施工，起重机和运输车辆来回穿梭，整个工地呈现出一片热火朝天的景象。钟方舟详细解释了机场的建设背景及其对未来柬埔寨航空业的影响，让家人对这一工程的重要性有了更深的认识。

参观完机场后，钟方舟带着家人前往暹粒，他们要在暹粒酒店住上四晚。

在暹粒的头三天，钟方舟带领家人通过护城河，走过彩虹桥，逐一参观了大、小吴哥窟和塔普伦神庙等上千年遗迹。高大的桐油树、乌木树、雨豆树、黄花梨等热带树木在光芒下，欲要成就苍穹间最美的风景线，让人叹为观止。家人们在欣赏美景的同时，也被古代文明的智慧深深打动。

在暹粒的后一天，钟方舟带领家人走进了中柬热带农业技术合作示范区。这是中国与柬埔寨在农业科技领域合作的重要成果。示范区内种植着各种如经济果蔬和水稻等热带作物。工作人员向他们介绍了中国最新的农业技术和科学管理方法，展示了中柬合作在农业领域的巨大潜力。家人们在这里体验了现代农业的魅力，对两国的绿色生态农业合作充满了钦佩。

这次十二天的柬埔寨之旅，钟方舟不仅让家人领略了柬埔寨的美丽风光，更让他们感受到，在"一带一路"倡议下，中柬之间深厚的友谊和合作关系。而家人们的这次柬埔寨之旅，不仅是一次简单的旅行，还被赋予成是一次有意义的文化触摸和友谊之旅。

# 柬漂生活

## 一

我去找唐韬时,他正在整理士多店的货品,似乎还没睡醒的妻子在收款桌旁吃着早餐。

唐韬的这家二十四小时门店,铺面不大,位于西港最烟火的酒吧美食一条街上。平日里,他和妻子轮流值班,主要经营一些中国货品,也为周边的酒店、夜场及居民区提供订制的鲜花与生日蛋糕。

"有些较早进的快消货品快到期了,"妻子唠叨着,"你要想办法处理掉。"

"怎么处理?"唐韬在货架边回头道,"卖不出,就先自己吃掉呗。"

"你说咱们苦钱[1]容易吗?"妻子的话带着怨气,"你长点记性,

---

[1] 苦钱,贵州等一些地方的方言,辛苦的挣钱。

今后这类食品要少进点货。"

"就你懂！懒婆娘。"唐韬回呛着，"不跟你讲了，我要去忙一家酒店的圣诞布置，人家已催促多次了。"

唐韬与妻子每日的唠叨或争论，只是生活乐趣的调味剂，彼此的话，事后谁都不会放在心上。

中午时分，唐韬的母亲来视频电话了。

"唐韬啊，今天打电话给你，有些事情得跟你好好说说。"母亲的话语中透露出一种无奈和焦急。

最近家里发生了一些事情，让母亲十分担心。唐韬十五岁的儿子小懿正在老家读书，由唐韬的父母照料。

然而，儿子似乎并不听话，他沉迷于网络游戏，整天想着如何逃避学习，把时间都花在了虚拟世界里。唐韬的母亲长长地叹了口气："这孩子又惹祸了，昨天在学校跟同学掐架了。"

听到母亲的话，唐韬的心沉了下来。他意识到自己远在柬埔寨，无法亲自面对儿子的问题，这让他的心情格外沉重。

唐韬沉默了一会儿，然后开口说道："妈，我知道您和爸为小懿操碎了心。我也很着急，但毕竟人在国外，很多事情力不从心。"

母亲的语气变得更加沉重地说："小懿这孩子现在越来越不像话了，每天除了玩就是玩，成绩也越来越差，真是急得我没办法。"

"虽然我们平时通过视频聊天关心他，但我总觉得这样远远不够。"唐韬的声音带着几分无奈，"我理解你们的辛苦，也明白你们的心情。"

唐韬知道，儿子的问题不仅仅是沉迷游戏，还对爷爷奶奶发脾气，也常常和同学们起口角。昨天的一场争执，导致他与几个同学又发生了肢体冲突。

这件事让唐韬的母亲感到非常困扰，她深知小懿的行为不仅影响了自己的学业，还可能给他带来更大的麻烦。

"快进入中考了，小懿现在不仅学习成绩下滑，还经常逃课。"母亲继续抱怨道，"我们年纪大了，真的不知道该怎么管教他。每次看到他这样，我和你父亲心里都很难受。"

父亲也在一旁说道："你们夫妻俩能不能找个时间回来一趟，亲自跟小懿谈谈？也许他需要的不只是我们的管教，更需要你们的关心和陪伴。"

唐韬停顿了一下："我们之前也想过回国一趟，但店里生意繁忙，实在抽不出时间。这次听到小懿的事情，我真的很想回去看看他，亲自跟他说说话，了解清楚他的想法。"

母亲理解唐韬的难处，但她也明白问题不能再拖下去了。她认真地说道："唐韬，我知道你在外面不容易，但我们也不能一直这样拖着。如果再不解决，这孩子可能会越陷越深。"

唐韬笑了笑，心里涌起一阵温暖。"妈，我一定会抽时间回去的。这段时间，你们要注意身体，不要太累了。有什么事情，随时给我打电话。"

挂断电话后的唐韬，此时陷入自责，自从儿子小懿出生以后，他带着儿子与妻子在外颠簸，因常更换工作，居无定所。在儿子两岁时，交由老家的父母照料。他在国内还能在春节回家一趟团聚，而在国外，能一年回家一趟却是他的奢望。他感觉对儿子和父母的亏欠太多，太多，自己没有尽到一个父亲和一个儿子的应尽之责。

而此时，对于我来想，唐韬在西港，把不咸不淡的日子过成适合自己的那种，感觉就是最好的生活。然而，他似乎忘记了，在自己的老家，还有年迈的父母和正在成长的儿子。

## 二

唐韬跟我讲，他成长在黔东南万峰林的山区，一九九六年初中毕业后，他回到了山里。

那里山峦起伏，峰林耸立，形态各异。秀美的马岭河蜿蜒曲折地穿过山谷。每当晨曦初照、云海翻腾，整个山谷都被轻纱般的云雾所笼罩，仿佛置身于一个梦幻般的世界。其间鸟语花香，溪水潺潺，滋养着这片大美的土地。

但唐韬不愿像其他同龄人一样，与父母一起从事繁忙的农活。从小，他就对城市的生活充满了向往，渴望走出大山去见识更广阔的世界。尽管父母多次劝说他留在家乡发展，但他内心深处始终怀揣着一个对音乐的热爱梦想。

一九九八年十月的一天，唐韬不顾父母的反对，他告别了秀美的家乡，踏上了前往沿海城市的火车。这趟旅程不仅是地理上的跨越，更是亲情关系的远离。初到沿海F市，他先是在一家夜总会做服务员，这份工作虽然辛苦，但收入还算可观。

每天晚上，他都要面对形形色色的客人，有时甚至要处理一些棘手的问题。尽管如此，唐韬依然保持着乐观的态度。他喜欢与不同的人交流，从中汲取不同的思想和经验。这些经历不仅让他学会了如何应对各种突发情况，也锻炼了他的应变能力和人际交往能力。

然而，唐韬很快发现自己的理想并不在这里，他开始寻找新的机会。

二〇〇五年，唐韬意识到自己需要做出更大的改变。他开始尝试寻找新的职业方向，希望能够找到更加稳定且有意义的工作。在朋友的推荐下，他进入了当地的一家酒吧工作，负责接待顾客。这次转变还让他找到了新的兴趣点，天生就有一副好嗓音的他，在这里开始主动结识一些音乐爱好者和驻唱的歌手，并拜从了一名酒吧小歌手为师，这让他更加坚定了继续追求梦想的决心。

二〇〇七年，唐韬在这间小型酒吧里，逐渐成为了一名歌手，但他只是个音乐雏儿、演艺草根。起初，他有些紧张，担心自己能否胜任这份工作。之后，在师者的支持下，他很快调整心态，通过不断练习和积累舞台经验，逐渐掌握了演唱技巧，并渐渐地赢得了客人们的喜爱。他开始享受站在舞台上的感觉，那种被客人认可的成就感让他更加自信。

在酒吧演唱的那段时间里，唐韬每晚还要喝很多的酒，白的、啤的、洋的、红的，这些都是客人助兴让他喝的，他不敢拒绝。

随着行业的竞争日益激烈，唐韬面临着巨大的压力。为了维持生计，他不得不提升自己的表演水平。除了日常的演出任务外，他还利用业余时间参加各类比赛和演出活动，以此提高知名度。

唐韬讲，尽管如此，在那样的日子里，他的晚上都是在醉生梦死中度过的。

唐韬有些讨厌喝酒了。他不想让酒精迷失自我，不想让酒醉了自己今后的人生。

但他，想起离开家乡的初衷时，又有些心里不甘。

他有些无奈，他怀疑自己的信念还能否激励着自己不断地前行。

## 三

在二〇一六年的一个炽热夏日，唐韬带着对未来的憧憬，与一位来自J市的同事一起，踏上了远赴柬埔寨的务工之路。

唐韬满怀希望，渴望在那片异国的土地上创造属于自己的梦想。他的目的地是金边，这座东南亚古城充满着生机与活力。

唐韬是第一次出国，兴奋之余也有些许忐忑。抵达金边后，眼前的景象让他们大开眼界，繁华的街道，色彩斑斓的东南亚建筑以及热情友好的当地民众，这一切都让他的旅途充满了新奇感。

唐韬与同事在预订的酒店住了一晚，他感到太贵了，一天要八十美元，比国内一些五星级酒店的价格还要高，自己花费不起。

第二天，他们在金边桑园区找了一家便宜的公寓暂时住了下来。他们决定先到洞里萨湖去看看，其目的是放松一下心情，以为接下来找工作蓄力。

洞里萨湖又名"金边湖"，被柬埔寨人民称之为"生命之湖"，是东南亚最大的淡水湖泊。洞里萨湖西北到东南，在金边与贯穿柬埔寨的湄公河交汇。它像一块巨大碧绿的翡翠，镶嵌在柬埔寨大地之上。

唐韬与同事坐在船上，沿途的风景令人陶醉。据华裔导游周志光介绍，水上人家逐水而居，大多为越南人和柬埔寨原居民，而越南人大约有三千多人口。水上浮村分布着学校、教堂、医院和杂货店，等等。他们世代在湖上生活。近些年来，因当地政府对旅游的持续开发，他们的日子过得很是惬意与充实。

唐韬站在斜日的船头上，独自欣赏着蓝天、白云和湖水的交融。

斜射的阳光洒在湖面上，星星点点地跳跃，甚是耀眼。

翌日一大早，唐韬与同事带着希望和信心，开始沿着街道寻找店前的招聘广告。然而，一天下来，我们毫无收获。唐韬心里感到很纳闷：偌大的一座首都大城市，门店都不招工？

他们带着一身疲惫，在一家挂着中国字招牌的小餐馆吃饭时，人家告诉唐韬，柬埔寨企业在"脸书"上发布招聘信息最便捷，让他们下载APP，注册后在上面去看看。

唐韬这时才恍然大悟，心想吐槽：自己真没见过世面。

晚上，唐韬在客房里开始浏览招聘信息。

"这家好像不错，招聘广告全是中文字。"唐韬把手机递给同事，"你瞧瞧。其他的招聘大都为柬、英双语信息。"

"哇，还是一间酒吧招呢。"同事说道，"主要语言要求会中文，看来，很适合我们哦。"

"那我们明天下午，去试试？"唐韬征求着同事的意见，"是新开的，各部门都在招人。"

"哇噻，你看，他们的薪资还是不错的哦。"同事回答道，"就这么定了。"

第二天下午，唐韬与同事刚要出门时，一阵阵的大风裹着大雨在椰树上飞舞，在街道上跳跃。雨帘把他们屏蔽在公寓大堂里。唐韬陡生焦虑，他心想：真是天不助人，可能今天的见工不顺，要黄了。但他不知道，亚热带的雨，说停就停，顷刻间，太阳高照，空气怡人。

在这条充满南国情调的街道上，有一家特别的中资酒吧，在金边三〇八街上。唐韬被公司委以服务经理的重任，他决定在这里开启他的务工生活。

三〇八街是金边最具城市烟火的一条街，街上聚集了酒吧、大排档式餐馆、咖啡馆和各类商店。是在柬的各籍人士最为流连忘返的区域。每当夜晚降临，那里就开始热闹起来。

唐韬第一天到酒吧，就被其独特的氛围所吸引。酒吧内部装饰典雅，融合了中柬两国的文化元素，营造出一种既亲切又新鲜的氛围。

他每天的工作从晚到早，忙碌而充实。他需要监管酒吧的日常运营，从员工的排班、培训，再到顾客服务的细节，无不倾注了他的心血。他的工作是从细微之处着手，确保每一位顾客都能在这里享受到宾至如归的服务。

一个月后，唐韬把还在F市务工的妻子接来金边。妻子随后在一家大型超市找到了一份理货员的工作。

在那段的日子里，唐韬感慨万千。从初来乍到的迷茫与不安，到他学会了如何在异国他乡生存和发展。

年尾的一个夜晚，一位时常在酒吧消费的客人周总，要约唐韬到附近的餐馆吃个宵夜。客人的盛情难却，同时，他也想结交更多的社会朋友，就欣然应许。

"我观察你好久了。"周总的话语似乎带着一份关心，"在这里干得开心吗？"

"还可以。"唐韬不知道周总来自哪路神仙，有些不明就里地回答道，"托周总的福，酒吧有你的一贯支持。"

"想过跳槽吗？"周总的话很是直接，"我在西港的酒吧想请你过去。"

听了此话后，此时的唐韬恍然大悟，才明白了周总的真实用意，他回答道："感谢周总的好意，可是……"

"给你一个营运总监。"周总打断了唐韬的说话,"在外打工嘛,人要往高处走,求的是多赚一分钱!"

"不信,你可以到酒吧先看看,"周总看着唐韬有些不解和疑虑,接着说,"我可是带着真诚为你来的。"

唐韬此时不想一口回绝,思索片刻:"感谢周总的抬爱,我抽时间会去拜访您的。"

"我真没看错你。"周总称赞道,"我的酒吧正在试运期,真的需要你的加入!"

唐韬回到宿舍,已是早晨的五时许了。他心里想,这不仅仅是一次简单的邀请,或许是一次在外打拼的人生机遇吧。他闭上眼睛,深呼吸了一下,试图平复内心的波动。

想到这里,唐韬感到一阵莫名的兴奋在心中翻腾。

## 四

二〇一七年，唐韬被一家酒吧老板周总挖到西港做了一名营运总监。这是他柬漂生活的又一个起点。但他不知道前路还有什么好的光景等待着他……

当时的西港，正处于快速发展的快车道，城市建设如火如荼，仿佛一座正在崛起的新兴之城。大量的中国投资者与打工人如潮水般涌向西港，他们怀揣着梦想与希望，渴望在这片陌生的土地上创造属于自己的人生与财富。

而在这熙熙攘攘的人群中，唐韬敏锐地察觉到了一个潜在的商机。他发现，尽管西港的发展迅速，但却没有一家让中国人感觉有家乡味道的中餐馆。那种熟悉的饭菜香气、亲切的用餐环境，仿佛是在异国他乡中缺失的一抹温暖。

唐韬深知，餐饮一直是人们生活中不可或缺的一部分，尤其是对于远离家乡的中国人来说，更是一种乡愁的心灵慰藉。他想抓住这个商机，准备开启自己的餐饮创业之路。

在西港的酒吧工作三个月后，恰在此时，唐韬遭遇了一个意想不到的打击。酒吧的周总并没有兑现之前承诺的业绩奖励，这让唐韬感到十分失望。进而加深了自己创业的决心。他意识到，在这个陌生的环境中，不能完全依赖他人，必须靠自己的努力和智慧去开创未来。

唐韬想到这些，他毅然决定离职，与妻子一起在西港开启他们的创业之路。

他们租下了一间小小的店面，开始筹备自己的中餐馆。餐馆店面不大，只能布置三张桌子和两个包间，但对于他们来说，这就是他们实现梦想的起点。

开业那天，他们满怀期待地等待着顾客的到来。令他们惊喜的是，吃饭的几乎都是中国人，餐馆的生意十分红火，每天都有顾客排队等候，包间更是需要提前三天预定。看着顾客们满意的笑容，唐韬和妻子心中充满了成就感。

在接下来的两个月里，餐馆的生意一直保持着良好的态势，他们的努力终于得到了回报。不仅收回了投资成本，还开始有了一些盈余。

唐韬和妻子欣喜若狂，他们更加坚定了继续经营下去的信心。他们不断改进菜品的质量和口味，增加了一些特色菜肴，以满足顾客的需求。同时，他们也注重服务质量，让每一位顾客都能感受到家的温暖。

然而，正当唐韬与妻子憧憬着能够赚取更多的钱，实现更大的梦想时，命运却跟他们开了一个玩笑。在之后的半年多时间里，西港突然冒出了几百家中餐馆，竞争变得异常激烈。

这些新出现的中餐馆，无论是装修还是经营面积，都比他们的餐馆更加豪华和宽敞。唐韬意识到，他的门店在硬件设施上已经无法与这些竞争对手相抗衡。而且，开餐饮十分辛苦和劳累，他和妻子每天都要忙到很晚才能休息，但即使如此，他们也不敢有丝毫的懈怠。唐韬知道，只有不断努力，才能在激烈的竞争中生存下来。

在这种情况下，唐韬开始思考转行的可能性。

他觉得士多店这个行业相对轻松一些，不需要像餐饮行业那样辛苦劳累。而且，士多店的经营成本也相对较低，风险也比较小。深思熟虑后的唐韬决定将目光转向士多店行业，以尝试新的创业之路。

尽管唐韬心中有些不舍，但他知道，这是他们在当前形势下必须做出的选择。不然，自己作为一个草根创业者，无一定的资金实力，若再进一步扩大投资装修与经营，会在这场激烈的市场竞争下，弄得头破血流，或者，之前所苦的钱也将会为此打了水漂。

唐韬向我透露，他在那个时期的决策无疑是正确的。在随后的日子里，位于西港独立大道、红灯笼、双狮广场以及海边沙滩等地的大约三百家中餐馆，纷纷遭遇经营困境。消费者群体似乎消失得无影无踪，生意一落千丈。许多餐馆因此一蹶不振，血本无归，梦想在西港破碎。

唐韬觉得自己非常幸运，侥幸逃过一劫。否则，他在工作中积累多年的储蓄将化为乌有，他也无法承受失败的痛苦。

他心里非常清楚这一切，但内心深处仍有些许不甘。这种感受，唯有他自己能够体会，因为，因为这正是生活选择的代价。

## 五

转眼到了二〇一八年夏,唐韬在西港酒吧街边盘下一个门面,开了一家二十四小时夫妻士多店,开启他第二次从头来过的创业之路,这不仅标志着他人生的又一个新起点,也寄托了对未来美好生活的无限期望。

唐韬的士多店主要为中国人的购买喜好服务,所买的日用生活品大多为中国货。

他深知在海外生活的人们往往对家乡的味道有着难以割舍的情怀。从调味料到特色零食品,从洗护用品到医药品到烟酒,从酒店需要的鲜花到生日蛋糕,他都做。这些商品不仅满足了"柬漂"人对家乡味道的渴望,也让他们感受到了一份来自家乡的温暖。

每天清晨,当第一缕阳光照进店铺时,唐韬夫妇已经开始忙碌起来,整理货架、补货成列、货品标价,确保每一项都有利于顾客购买方便。

到了晚上,随着夜幕降临,酒吧街逐渐热闹起来,店内更是人流不断。唐韬夫妇忙得不可开交,但他们脸上始终洋溢着幸福的笑容,因为这份忙碌带来的不仅是收入上的增加,更是对未来充满信心的满足感。

然而,士多店生意红火的日子好景不长。二〇二〇年下半年,突如其来的大流行给西港带来了前所未有的冲击。工厂停摆,商店、餐馆、娱乐场所等行业关门。在柬埔寨投资经营的生意人则多是苦苦支撑,唐韬的士多店也不例外。

这段时间,店铺的客流量急剧下降,原本灯红酒绿的酒吧街变得冷冷清清。唐韬不得不面对前所未有的经营困难。由于进货渠道受限，商品供应变得不稳定，有时甚至出现断货的情况。再加上物流成本大幅上涨，进货价格也随之水涨船高。尽管唐韬夫妇努力通过线上平台售卖，但效果并不理想。面对如此严峻的形势，唐韬的心情也愈发焦虑不安。

而更让唐韬不安的事，儿子小懿即将面临中考，在家的父母已经催促过多少次了，要他们回国陪陪儿子。唐韬心里纠结，他要不要有所选择，有所放弃。唐韬每日眉头紧锁，内心十分不安。

"最近生意确实不太好。"妻子察觉到他的情绪，轻声说道。

"是啊，在西港，病毒的影响太大了。"唐韬叹了口气，"而且现在国内的情况也不容乐观，儿子即将面临中考，我真的很担心他。"

"带泪也要经营。"妻子似乎有些轻描淡写，她把挣钱看得太重，"我们都在尽力了，士多店的事我们已经努力去适应了，现在只希望能够维持下去。而儿子的中考，虽然我们不能亲自在他身边，但我们还是可以给他鼓励和关心的。"

"或许你说得对。"唐韬微微点头，"我们身在异国他乡的风雨中，打伞也要前行。但不能陪伴他度过这个重要的时刻，心里总是有些难过。"

妻子笑了笑："虽然我们不能在他身边，但我们的心一直都在他那里。我们可以通过电话、视频给他加油打气，让他知道我们一直在支持他。"

唐韬听后，心情稍微放松了一些："也好，我们只能尽力做好自己的事情，相信他会理解我们的。"

四个月后，唐韬得知在老家读书的儿子小懿没考上高中。他心里有些愤怒，自言自语地骂道："这个没用的东西，跟我一样，也考不上高中。"

妻子在一旁听到后，对唐韬很是生气："怪谁呢？还不是跟你一样！"

"就是你，当时不愿回去！"唐韬大声地怒道，"你的心思只想着苦钱！"

"谁不想过好日子？！"妻子毫不示弱，"跟你一路清苦，我是倒八辈子血霉了！"

唐韬跟我讲，其实，他们经过这几年的打拼，家里也存了些钱，只是自己的妻子总是跟亲戚和同学们攀比，她想挣更多的钱，自己好有面子。

当晚，唐韬陷入了深深的沉思，他极度的自责。一边是夫妻二人在外漂泊拼命挣钱，因为这就是生活；一边是无力教育好儿子的成长……

唐韬的内心有些风雨交加，他感叹自己这么多年来的风雨人生。他在反思中挣扎，一种难以言说的愧疚感像潮水一样冲击着他。在异乡的土地上，他和妻子辛勤工作，只为了能在这个陌生的城市站稳脚跟。然而，当他们忙于生计时，孩子的教育问题却成了他们无法忽视的痛点。

"教育并非只是金钱的堆砌，更重要的是培养孩子们独立思考和健全的人格。"我试图抚平他心中的皱褶，并带着安慰，"你儿子的中考成绩或许不尽如人意，但这只是他人生旅途中的一小波折，未来还是有无限可能的。"

"以金钱为目标的人心是不会有满足感的。"唐韬眼神中流露出一丝迷茫和无奈，他的声音低沉而沉重地说道，"我只希望能说服妻子，早日回国，给孩子一个更好的成长环境。"

  我点了点头，对他的想法表示理解和支持："你的决心值得赞扬。选择需要勇气和智慧，但只要你们心有定见，相信未来一定会更加美好。"

  在这寂静的夜晚，唐韬的内心或许依然挣扎，但至少他找到了方向。

  我想，教育的真谛不在于物质的堆砌，而在于心灵的滋养和人格的塑造。唐韬和他的家庭，正站在人生的路口上，面临着一个新的抉择。

  我想，在"柬漂"的每个人的背后，都有别人体会不到的苦楚。每个人的心里，都有旁人无法感受的难处。他们在异乡的生活其实也跟天气一样，有晴、有阴、有风，偶尔还下点雨，这就是他们难以有美全的苦衷吧。

  我也想，人的这一生，自己有些钱还不算成功。只有教育好后代，让他们自己能成材、成器、成业，才算真正的成功。如果用钱来找回面子或者捍卫尊严，这将是人性的悲哀，也是人类文化的倒退吧。

# 寻亲之路

## 一

清明祭祖后，苏戈与父亲回到老屋。苏戈心里有些伤感与失落。

"阿爸，我还是去一趟柬埔寨，寻找一下太爷的信息吧。"

"仔，你不准备考公务员了？"

"回来再说吧，我也想出去增加一些见识。"

"仔呀，阿爸知道你想完成我未能完成的心愿。"父亲有些叹息，"我老了，有些力不从心了。"

苏戈的老家，在闽南戴云山南麓一个美丽的小山村，面向大海。

父母在九十年代进县城做起了茶叶生意，苏戈在老家由爷爷带大，一家人生活还算殷实。

自苏戈懂事起，他就发现家中的长辈们总是会在每年的特定时间聚在一起，默默无闻地翻看着一本厚厚的旧族谱，他们的眼中流露出难以言喻的复杂情绪。直到有一天，爷爷坐在老屋的门前，缓缓地向他讲述了一段家族往事。

原来，在20世纪30年代末期，苏戈的太爷为了躲避一场莫名的官司，丢下妻儿离开家乡到东南亚过番谋生。之后，太爷便如同断线风筝般，再无音讯。多年后，偶然听说太爷可能定居在柬埔寨的消息，但因种种原因，家人始终未能踏上寻亲之路。

据福建《闽南侨批史纪述》记载，过番谋生漂洋过海踏上未知的征程，这是一条充满艰辛、血泪的冒险之旅。在海禁之下，出海只能偷渡，在茫茫大海上船只随时有倾覆的危险，很多人从此一去音讯全无，叶落不能归根。

二〇一七年，苏戈顺利从旅游管理专业毕业。父亲也一次次在探寻的失望中老去。苏戈为了完成爷爷临终前的遗愿，他决定独自踏上前往柬埔寨的寻亲之旅，完成父亲未竟的族情使命。

在临行之前，一位热心的研究学者为苏戈提供了一些过番谋生的信息，如在柬埔寨可能的聚居地等，这为他的寻亲之旅提供了大致的方向。

苏戈决定在老家与父母告别。按照他的话有些神学，"太爷是从这里过番谋生而去，魂归时才知回家的路。"

清明节后的早晨，村子依旧沉睡，晨雾轻绕，有几声清脆的鸟鸣打破这份宁静。苏屋院子里，弥漫着淡淡的离别伤感和对未来的期待。

父亲递给苏戈几袋自家炒制的茶叶和一本旧得发黄的族谱，他深邃的目光里带着一丝期待："仔呀，这茶，还是你太爷留下的手艺。"

苏戈捧着族谱，心中也升腾起一股莫名的情感。轻声回答："阿爸，太爷的故事，家族的传承，我都会铭记于心。"

母亲望着儿子,眼中泛着泪花,轻声说:"仔呀,出门在外,要注意安全,别让妈担心。"她随即从围裙里拿出一块绣有中国山水图案的手帕,递给儿子,"希望这手帕能给你带来好运。"

苏戈知道这是母亲对他深沉的爱。他抬头对母亲微笑:"阿妈,我会照顾好自己的,等我找到太爷的信息,我会及时跟你们分享。"

父亲走到院子的门口,望着远方连绵的山峦,语气坚定:"仔呀,家族的荣誉就靠你了。记住,不管遇到什么困难,都要坚持下去。"

苏戈点了点头,他的眼中闪烁着坚定的光芒:"阿爸,您放心,我一定不会辜负您的期望。"

随着晨曦的第一缕光辉,从层层云幕中破晓而出,苏家宅院沐浴在了这份柔和的晨光之中。苏戈背起了行囊,踏上了一条通往城市的征途。

父母的身影,伫立在院落的门口,目送着儿子渐行渐远,直至他的背影,最终在山路的转角处淡去。

村间的微风轻拂,摇曳着片片树叶,它们宛如一场别离的送行队伍,与苏戈一同感受着这即将到来的分别。

苏戈深知,此次的旅程,不仅是为了探寻太爷的往事,更是为了寻回自己身世的根源。尽管前路未知,挑战重重,他的步伐却如踏石留印,坚定而有力。

## 二

二〇一七年四月十三日，苏戈站在西哈努克港繁忙的海岸边，望着那片曾经或许见证了他太爷离乡背井远赴异国的海域，心中涌起了无尽的感慨和对家族历史的渴望。为了更好地了解当地情况，他在西港的一家旅行社找到了一位下南洋第三代华裔导游。

这位导游名叫陈雄，对当地的历史文化有些了解。

苏戈感觉有希望。

阳光斜斜地洒在西港的老街上，斑驳陆离的光影仿佛诉说着一段段久远的故事。苏戈跟随陈雄行走在陌生的小巷中，手中的族谱纸页微微泛黄，上面记载着家族数代人的根源。

他此行的目的，是为了寻找自己太爷在西港可能留下的蛛丝马迹。

正当苏戈沉浸在对过往的回忆与想象之中时，迎面走来了一位慈眉善目的老人。他穿着一件淡蓝色的短袖衫，头戴一顶手工精细编制的草帽，步履虽缓但眼神锐利。这正是导游陈雄之前推荐给他的华裔林老，据说对当地的历史颇有研究。

苏戈连忙上前打招呼："您好，我是苏戈，特意从中国来寻我太爷的。"

林老停下了脚步，仔细打量了眼前这位年轻人一番，随即露出温和的笑容。"欢迎你，小苏。我听陈雄说了你的事，愿意尽绵薄之力。"说着便接过族谱细细查看起来，"唔……令太爷的名字叫苏某某，是吗？"

"是的，您知道些什么吗？"苏戈满怀期待地问道。

"让我想想看……"林老若有所思地点点头,"你太爷这名字好像在长辈哪里听说过。"

"真的吗?"苏戈激动得几乎跳了起来。

"嗯,不过啊,这事儿太久了。"林老沉吟片刻后说,"听说当年令太爷初来乍到时,生活并不容易。后来他凭借聪明才智和勤劳双手逐渐站稳了脚跟,还成立了自己的茶叶商行。可惜好景不长,因为一场突如其来的变故,他不得不离开这里前往其他地方发展。至于具体去了哪儿,我手头上没有确切信息。"

"那……有没有可能找到一些当时留下来的东西或者认识他的人呢?"苏戈不甘心地追问。

"可以试试。我们先去西港华人庙看看吧,那里保存了许多早期移民的信息资料。"林老还提议道:"西港有一个历史悠久的唐人街,说不定能碰到几位老前辈还记得些往事。"

两人边走边聊,沿着曲折蜿蜒的小路来到了一座古朴典雅的建筑前。这就是林老口中所说的华人庙。

庙内香火缭绕,供桌上摆放着各式各样的贡品。他们向守门的僧侣说明来意后,得到了他们的热情帮助。在翻阅了大量档案记录之后,虽然没有直接发现关于苏戈太爷的具体描述,却意外地找到了一张放大模糊泛黄的老照片。照片上是一群正在码头搬运货物的华人劳工,其中一人与族谱上的画像颇为相似。

"这会不会就是令太爷呢?"林老指着照片中的某个人影问道。

"很有可能!"苏戈惊喜交加,经同意后小心翼翼地将照片拍照,"真是太感谢您了!"

"别客气,能找到一点线索我也很开心。"林老笑道,"接下来我们可以去附近我开的茶馆坐坐,那里常有一些上了年纪的老者聚在一起聊天，也许能听到更多有趣的故事。"

在那个充满异国情调的午后，苏戈跟随林老走进"林记茶馆"，里面供奉一尊妈祖，墙壁上张贴着一些华裔故乡和下南洋的老照片。苏戈拿出自带的茶叶递给林老，随着一杯杯热腾腾的茶水端上桌，久违的家乡茶香扑鼻而来。周围渐渐热闹起来，林老招呼华裔老人们围坐成圈，开始讲述起自己年轻时的经历。有的谈到了战乱时期的艰辛岁月；有的回忆起与家人团聚的温馨瞬间；还有的则分享着创业打拼的心路历程……

正当苏戈听得津津有味之际，突然有一位声音沙哑的老者主动凑近前来询问："你们刚才提到苏某某，我父亲在世前好像给我提到过。"

"没错！他是我太爷，您知道他吗？"苏戈急忙起身迎上去。

老人笑眯眯地回答："听我父亲说，他又去了暹粒农村发展，再也没回来过。"

苏戈有些失落，但他至少还有线索与一丝希望。

第二天，陈雄和苏戈又来到了一处唐人老街区。这里保存了许多早期移民生活的痕迹。街道两旁的老房子虽然历经风雨侵蚀，但仍能看到一些精美的木雕和彩绘，在诉说着往昔的故事。

苏戈沿着这些老街巷漫步，试图从周围的居民口中打听到更多关于太爷的消息。然而，时间已经过去太久，许多人都已记不清这些往事，甚至有些人根本不知道苏戈所追寻的那位前辈。

尽管苏戈付出了巨大的努力，但在西港的每一处角落，他都没有找到有关他太爷的确切线索。

这个结果令他感到失望和困惑，但他也意识到，这段旅程的意义远远超出了单纯的寻祖。通过这次的经历，他不仅加深了对自己家族历史的理解,更深刻地感受到了那个时代先辈们为了生存而付出的巨大努力。这种精神激励着他,无论未来遇到什么困难,都要像他的先辈们一样,勇敢地面对一路的挑战。

接下来的时间里,他要根据华裔老者们的一点点线索,前往暹粒寻找心中的希望。

晚上,苏戈有些疲惫,仰躺在酒店客房的床上。华裔们的热心好客,让他这几天来的经历终生难忘。

"阿爸,发你一张照片,看上面是否有太爷。"

"仔,那个年代,你太爷哪有经济能力照一张相。"父亲回复到,"即使你爷爷的那辈人知道你太爷的长相,但他们都过世了,没法拿照片见证呀。"

"听西港华裔老者说,太爷可能还去过暹粒。"

"暹粒在哪国?"

"柬埔寨西部的一座城市,吴哥窟知道么?"

"哦,知道点。"父亲回复道,"最好要对照族谱,好好在当地捋一捋字辈排序。"

"嗯,好!晚安!"苏戈结束了与父亲对话。

苏戈起身走向阳台,泡上一杯茶。

西港的夜晚,海风轻拂过这片正在繁忙的土地,并带来一丝丝的凉意。

城市中,无法平息的打桩机那不屈不挠的节奏,就犹如苏戈此时不平的心跳一样忐忑。夜深了,它们还在挥舞着强有力的臂膀,为城市的未来"添砖加瓦",见证着一座座摩天大楼拔地而起的奇迹。

## 三

早晨，苏戈从西港机场出发，他一小时后到达了暹粒机场。

当地第三代华裔导游阿昆，是一位善谈的中年汉子，听了苏戈到柬寻亲的来龙去脉后，非常感动，也愿意全程给予帮助，这让苏戈喜出望外。

据阿昆介绍，当时，因为一些政治原因，金边或西港等城市一些华侨、华人先知先觉向暹粒逃亡的人居多，特别是女王宫县的一些偏远农村。

苏戈怀着满心的期待，阿昆叫了一辆嘟嘟车[1]，踏上了前往女王宫县一个偏僻坡达村的行程。嘟嘟车在坑洼不平的道路上颠簸前行，仿佛在诉说着这片土地的沧桑与坚韧。

道路时而穿越茂密的丛林，时而越过湍急的溪流。沿途的风景如画，茂密的树木相互交织，阳光透过树叶的缝隙洒下，仿佛是大自然洒下的金色粉末。偶尔，还能看到一些五彩斑斓的鸟儿在枝头欢快地歌唱，为这宁静的画面增添了一抹生机。

当嘟嘟车终于驶进坡达村时，眼前是散落在山间的村舍，那些用泥土和茅草搭建的房屋，虽然简陋，却散发着一种朴实的美。屋前的院子里，种着一些蔬菜和芒果树，展现出村民们对生活的热爱和对土地的眷恋。

苏戈所见之景，心里有些释然。

---

[1] 嘟嘟车，是一种在东南亚国家非常普遍的公共交通工具。因其跑起来发出"嘟、嘟、嘟"的排气声而得名。

就在嘟嘟车缓缓行驶的途中,突然传来了一阵呼救声。苏戈和阿昆循声望去,只见一个当地的小孩与单车一同落入了溪流中。那溪流虽然不算太宽,但水流却颇为湍急,小孩在水中拼命挣扎着,情况十分危急。

苏戈和阿昆毫不犹豫地跳下嘟嘟车,朝着溪流奔去。他们迅速脱下鞋子,踏入水中,一股凉意瞬间涌上心头。苏戈凭借着自己的游泳技能,奋力游向小孩,而阿昆则在水边帮忙稳住单车,防止它被水流冲走。

在水中,苏戈与小孩的距离越来越近,他能清晰地看到小孩眼中的恐惧和无助。他深吸一口气,加快了游泳的速度,终于在关键时刻抓住了小孩的衣服,将他拉向岸边。

阿昆见状,连忙伸出手将小孩拉上岸来。小孩浑身湿透,不停地咳嗽着,眼中还闪烁着泪花。苏戈和阿昆则累得气喘吁吁,但脸上却露出了欣慰的笑容。

中午时分,苏戈和阿昆来到坡达村村长的家,村长热情地为他们端上了一杯清凉的茶水,脸上洋溢着亲切的笑容。

阿昆向村长说明了苏戈前来寻找他太爷的目的,并希望村长能够提供一些相关的信息线索。

村长静静地听着,眼中透露出一丝沉思。随后与阿昆说起了柬语。

阿昆翻译向苏戈说:"刚才村长讲,在坡达村,之前确实有一些华裔的后代,但他们大多已经离开了这里,去了城市里生活。不过,他会尽力帮助,看看是否能找到一些线索。"

苏戈感激地看着村长,心中涌起一股暖流。他知道,在这个陌生的地方,能够得到村长的帮助是多么的幸运。

村长接着说:"我们坡达村有着悠久的农耕历史,曾经有很多华裔在这里生活过。他们带来了先进的农业生产技术,对我们村的发展产生了深远的影响。也许,你太爷就是其中的一员。"

村长带着阿昆和苏戈,开始走访坡达村的一些华裔后人。他们走过一条条狭窄的小巷,穿过一片片茂密的树林,来到了一户华裔后人家前。

一位老者正在清理门前杂草。苏戈看见门上贴着一副有些褪色的红纸对联,上面写着"家和万事兴",心里一喜。

老者抬起身,看着村长与苏戈一行人,脸上露出一丝疑惑。

苏戈随后向老者介绍道,"我姓苏,来自中国,是到这里来寻亲的。"

老者意识有些模糊,通过沟通只知道他姓林,儿孙们早些年到金边做劳工去了。对这里有苏姓华裔居住不了解。

村长见苏戈有些失望的表情,他继续带领走访村上其他的华裔后人,然而,苏戈得到的结果却都是一样的,没有一个人能够提供关于他太爷的有用信息。

傍晚回到村长家,当村长得知苏戈与阿昆救了自己的孩子时,热情地招待了他们。

苏戈接过一碗散发着茉莉花香的米饭,他用筷子轻轻拨动着饭粒,每一粒米饭都像是被精心雕琢过的艺术品,晶莹剔透,散发着太阳的光芒。苏戈欣喜地向村长称赞道:"自己从来没吃过这么好的米饭。"

据中国新闻网,柬埔寨茉莉香米在二〇二四年世界大米会议上再获"世界最佳大米奖"。这是柬埔寨自参加该项比赛以来,第六次获得这一殊荣。

第二天，村长决定再带领苏戈与阿昆到达崩特莫村寻找，因为他听说那里有苏氏华裔后人。

一路上，苏戈的心情既兴奋又紧张，他不知道在崩特莫村是否能够找到太爷生活过的线索。

当嘟嘟车终于驶进崩特莫村时，苏戈被眼前的景象所吸引。这个村庄与坡达村有着不同的风格，房屋整齐些，村道也宽阔些。

村长带着他们来到了一户苏氏华裔后人的家中。这户人家的大门上挂着一块牌匾，上面写着"苏氏宗祠"。苏戈心中一喜，他知道这是一个重要的线索。

他在苏氏宗祠里四处寻找着关于太爷的信息，然而，除了一些古老的族谱和祭祀用品外，他并没有找到任何有用的信息，他感到有些失望。

在告别村长时，苏戈拿出一张二十万瑞尔币让阿昆转递给村长，以表达几日来的热情帮助。村长用手阻挡不愿意接收，口中发出"哦跌！哦跌！[2]"的声音。

"的独的，的独的！[3]"阿昆一定要村长收下。

此时的苏戈，深感柬埔寨人民的淳朴与善良。

暹粒之行，苏戈在这些村落没能够找到太爷的生活印记。他知道，寻亲的道路充满了曲折和困难，但他还不能放弃。

在与阿昆道别时，他建议苏戈去金边吐斯廉屠杀博物馆看看，也许能发现一些线索……

---

[2] 哦跌，高棉语，不需要。

[3] 的独的，高棉语，应该的。

当晚，苏戈住进一家中国人在暹粒所开的小旅馆，其一楼是中式餐馆。

夜幕降临，暹粒城市的灯火逐渐亮起，如同繁星点缀在这片古老的大地上。街头小贩的吆喝声、游客的欢声笑语以及远处传来的高棉传统音乐，交织成一首夜的交响曲，充满了生活的气息。

苏戈独自一人漫步在这座既古老而又现代的城市街头，心中却是五味杂陈。他原本满怀期待来到暹粒的农村，希望能找到关于太爷生活的蛛丝马迹，却没想到结果有些失望，所有的线索似乎都指向了死胡同。此刻的他，就像是一只迷失方向的航船，在茫茫人海中寻找着那一丝渺茫的希望。

夜晚虽美，但苏戈心里却显得有些落寞。他走过一条热闹的酒吧街，看着周围游客们脸上洋溢的笑容，心中不禁生出几分羡慕。如果能像他们一样，简单地享受旅行的乐趣，那该有多好。然而，太爷的未解之谜如同一块重石，压在她心头，让他无法轻松起来。

苏戈停下脚步，抬头望向夜空。星星点点，仿佛太爷生前的故事和笑容，在这无尽的黑暗中闪烁。他深吸一口气，试图平复内心的波动。他心想，即使找不到太爷的直接线索，但至少，他在这片土地上似乎感受到了如同太爷一样的华人气息，这或许也是一种收获吧。

夜更深了，暹粒城市的喧嚣渐渐平息，苏戈的心情也慢慢平静下来。他知道，自己寻找太爷的旅程不会就此结束，无论前路如何艰难，他都要坚持下去，总有一天，他会揭开所有的谜团，那个关于太爷的故事。

我想，对于苏戈来说，他的太爷不仅仅是一个名字，更是一份深深的情感与记忆。

## 四

据柬埔寨金边吐斯廉屠杀博物馆记载,一九七五年至一九七八年间,二百万住在金边和其他城市的居民被当地政权武装驱赶到农村,包括大批华侨华人在内的侨民沦为难民,其中四十三万华人华裔被屠杀二十一点五万……

到达金边的第二天,苏戈在网上浏览到了这些信息,心里一阵阵悲凉。

九月的金边,天气依然炎热,如同苏戈的心情。他根据暹粒导游阿昆的提示,要去金边吐斯廉屠杀博物馆寻找他太爷的线索。

下午,苏戈借机随同内地一个旅行团进入到博物馆。

这是一座承载着沉重历史记忆的地方。外墙被岁月侵蚀得略显斑驳,沧桑的痕迹仿佛在诉说着那段不堪回首的过往。

馆内昏暗而肃穆,空气中弥漫着凝重。四周墙上挂满了遇难者生前的黑白照片,每一张面孔背后都藏着一个无法言说的悲惨故事,每一张都是那个时代残酷的见证。

苏戈的视线在那些痛苦的面孔中穿梭,每一个眼神都让他感受到深深的触动。看到了那些被折磨的身体,那些无助的眼神,那些无声的哭泣。他的心紧紧地揪成了一团,痛苦和愤怒在心中交织。

旅行团导游是一位上了年纪,名叫翁坡玲的华裔女士,她的声音低沉而沙哑,仿佛在叙述一段古老而悲伤的传说。她向苏戈等一行人介绍了博物馆的历史,讲述了那些残忍的屠杀事件。苏戈听着她的讲述,眼中闪烁着泪光。他试图在解说员的叙述中,寻找关于他太爷的一些线索。

苏戈的心情愈发沉重。他看着那些展示着当年暴行的展品，那些破旧的衣物、骨瘦如柴的身躯，仿佛可以感受到那些受害者在生命最后一刻的恐惧与绝望。看到了那些残酷的刑具，心中涌起一股难以言喻的愤怒。

博物馆的一面墙上刻满了密密麻麻的名字，每一个名字都代表着一个曾经活生生的人。苏戈静静地站在墙前，目光一遍又一遍在那些名字中寻找着。他想要找到太爷的名字，想要为他的遭遇找到一个见证。然而，他终究没能找到。

苏戈心中充满了失落和遗憾，但他也明白，华人下南洋的一些遭遇和痛苦，已经深深地烙印在了他的心中。

据泉州华侨历史博物馆的记载，下南洋的泉州人"十去六死三留一回头"。这足以见证初代移民的生存不易与创业艰辛。

失落的苏戈走出博物馆，夕阳西斜，余晖洒在有些残破不堪的建筑上，给这里增添了几分凄美。

他回望博物馆那沧桑的建筑，心中默默地祈祷着，希望那些无辜的灵魂能够得到安息，希望这段历史能够永远警示后人。

苏戈到柬十多天来，寻找太爷的线索在一次次惊喜与失望中交织着。

但他还不想就此放弃，导游翁坡玲建议苏戈再到云西村去寻寻，因为那里被称为"中国人村"，从大人到小孩大多都会说汉语。

苏戈的希望再次被点燃……

## 五

导游翁坡玲所说的云西村，位于柬埔寨最北部的拉达那基里省，与越南和老挝接壤。拉达那基里在柬语中意为"拥有多样优美自然美景的地方"。

苏戈带着新的希望，只身一人打车到达云西村时，天色已晚。

傍晚的云西村，一幢幢错落而建的木质小楼沉浸在一片安详之中。皎洁的月光洒在葱郁的树木上，如水波般荡漾，将整个村庄笼罩在美丽的梦幻中。

云西河从村前流过，映衬着河岸两侧婆娑的树影，宛如仙境。河水轻轻拍打着岸边，发出悦耳的声响，与远处稻田里青蛙的鸣叫声交织在一起，构成了一曲美妙的乡村小夜曲。

苏戈在云西村的沙县小吃店吃过早餐后，他带着家乡的茶叶要去拜访一位老村长。

苏戈在吃饭时打听过，老村长名叫张玉芬，年逾七旬，其家是一座木质两层小楼，在村里的稍高处，有些显眼。

饭后，苏戈带着一份急切的心情站在老村长的房门前，就在这时，一位老人缓缓走了出来……

苏戈礼貌地大招呼："您是村长吧，打扰您了。"

老村长见是华人面孔来登门拜访，双眼充满着亲切，点了点头。

"欢迎来到云西村！"老村长用带着浓厚客家乡音普通话，他的脸上满是岁月留下的皱纹，但眼神依然明亮而温暖，"你也是来找寻先祖的线索吗？"

苏戈点点头,心中涌起一丝激动:"是的,我叫苏戈,听说我的太爷苏某某曾在这附近生活过。我想了解一下关于他的事。"

老村长微微一笑,招呼苏戈进入村内:"跟我来吧,我会尽力帮助你的。"

两人沿着村街前行,老村长一边走一边向苏戈介绍着云西村的历史和现状。苏戈听得很认真,偶尔提出一些问题,他都耐心地一一解答。

"这个村子的居民大多是华裔后代,还有一些老挝人和当地人。"老村长说道,"我们虽然远离繁华都市,但这里的生活简单而充实。"

"没关系,只要有一点线索我也很感激。"苏戈诚恳地说。

老村长讲,村上目前共有五十余户人家,近三百位居民,几乎都是来自广东的华裔后代。由于云西河的阻隔,村子与外界的联系相对较少。他们以种植业、渔业为生,村民简单、朴素。

"我们以前住在对岸的拉达那基里省城。"老村长继续说道,"但是,由于受到一些政治方面的压迫,迫使我们不得不逃离。许多华人逃往了马来西亚、澳大利亚等地。"

村长叹了口气,似乎回忆起了那段痛苦的经历:"我们没有离开的人,被迫离开了城镇,来到了这里的农村定居。虽然生活艰辛,但我们还是坚持了下来。"

苏戈心中充满了敬意。他接着问道:"村长先生,您还记得我太爷的事吗?"

"姓苏的华裔,我还真不太清楚"。村长摇了摇头,"很抱歉,我年纪大了,记忆也不如从前。不过,我可以带你去看看村里的本头公庙和小图书馆,也许那里能找到一些有用的线索吧。"

随即，老村长带着苏戈穿过几条狭窄的小巷，来到了一座名为"本头公庙"的庙宇前。庙宇是村民们祈福的地方，并供奉着历代祖宗牌位。庙内香火缭绕，散发着淡淡的檀香味。

"这里是村民们的精神寄托，"村长解释道，"每年，我们依旧按照中国的农历新年、清明等节日，大家都会来这里祭拜祖先，并祈求一年的平安与丰收。"

苏戈走进庙内，仔细观察每一处细节。庙内的墙上挂着一幅幅画像，描绘着先辈们艰苦奋斗的图景。

于是，苏戈跪在供垫上，轻声祈祷，希望能得到一些启示。

"这里可能没有太多关于你太爷的具体信息，但你可以看看这些画像和碑文。"村长建议道。

苏戈点头表示感谢，开始认真地查看每一处细节。他发现了一块石碑，上面刻着许多华裔先祖的名字，但并没有找到他太爷的信息。

而在小图书馆，里面有藏书近二百本书籍，苏戈突然瞥见一本放在角落里的旧书，封面已经有些泛黄。

"这本书也许能提供一些线索。"村长看到苏戈的举动，微笑着说道。

苏戈接过书，翻阅起来。这是一本记录了云西村华人移民历史的书籍，里面详细记载了村民们从中国迁徙至此的经过，以及他们的生活点滴。

尽管书中并未提到太爷的名字，但苏戈还是仔细阅读了每一页，希望能从中找到与太爷相关联的蛛丝马迹。

但结果令苏戈失望了。他意识到这段旅程的意义不仅仅在于找到答案，更在于了解华人移民历史的艰辛与不易。

"谢谢您，村长先生。"苏戈对着老村长深深地鞠了一躬，"虽然没有找到太爷的线索，但我收获了很多关于这段下南洋历史的细节。"

村长轻拍苏戈的肩膀，语气温和而坚定："历史常常以曲折和未知的面貌展现在我们面前，有时我们需要付出更多的时间和汗水才能解开那些深藏的秘密。但不管结果怎样，你已经迈出了重要的一步，这份勇气和决心足以让你的家人感到无比自豪。"

苏戈微微颔首，眼中闪烁着坚定的光芒，内心涌动着一股新的勇气和决心。他深知，前方的道路依然漫长且充满未知，但自己不会停下追寻太爷下落的脚步。他发誓要将太爷的踪迹追寻到底，直至太爷的魂魄得以安息，归来故土。

## 六

苏戈连日来的奔寻,身心有些疲惫,也有些想家了。但他想着父母的嘱咐和张玉芬老村长的鼓励,在还未走完柬埔寨华人聚居地之前,他不能就此放弃。

他决定过几天到特本克蒙省三州府去看看,听说那里也是华人的一个主要聚居地,被柬埔寨人称为"华人村"。

苏戈决定要在云西村住几天,云西村有山有水,语言相同,饮食合味,且物价比金边低了许多。

"苏戈,情况怎样了?"暹粒导游阿昆此时发来短信。

"我去了金边和云西村,皆没收获。"苏戈回复到,"感谢你哈,阿昆!"

"接下来有什么打算?"阿昆的话带着一份关切。

"休息几天,再说吧。"

"你是继续寻找?"阿昆有些关心地问,"或就此回国?"

"我想继续……"

"那你先要在柬埔寨找一份工作。"阿昆提醒苏戈要注意旅游签证的期限,并说,"我们的旅行社正在招人,专门是为中国旅游团做服务对接工作的。"

"我虽然毕业于旅游管理专业,可没实际经验呀。"

"我们的导游都要经过前期培训的,你有基础呀。"

"那好,我太感谢你了,阿昆!"

远处,渔火倒影在云西河水面上,波光粼粼。

苏戈坐在云西村小旅馆的客房里,窗外的月光洒在地板上,映出斑驳的光影。这时，手机响起微信提示音："仔，你那边的情况怎么样？听说柬埔寨的雨季就要过去了。"父亲的话带着关爱。

苏戈："阿爸，这段时间以来，到暹粒、金边，还有云西村，还是没找到太爷的线索呢。感觉这寻找的路好漫长啊，不过我不会放弃的，一定会继续找下去的。"

父亲："唉，你也别太着急了，毕竟这都过去这么久了，线索不好找也很正常。你在那边自己要照顾好自己，别太劳累了。"

苏戈："我知道的，你放心吧，阿爸。我在一边在这边适应生活，一边也在努力寻找线索呢。其实我心里也很纠结，一方面我真的很想找到太爷的下落，完成家族的心愿；另一方面，也有你期望我回去'考公'的事情，我现在真的好难抉择啊。"

父亲："仔呀，考公确实是个不错的选择，也能在身边照顾我们。你也不小了，该为自己的未来考虑考虑了。"

苏戈："我也明白'考公'的好处，但是我真的不甘心就这样放弃寻找太爷的线索。如果能找到太爷，那对我们家族来说是一件多么重要的事情啊。"

父亲："不是不让你找，只是你也要考虑现实情况啊。"

苏戈："我知道了，我会好好考虑的。其实，我现在也有了一些想法，我在暹粒遇到的一家旅游公司的阿昆，他给我介绍了一份地接导游工作，说专门接待国内的旅行团队。我打算一边工作一边继续寻找太爷的线索，这样也能有点经济收入，您觉得怎么样？"

父亲："这倒是个不错的选择，既能生活又能接触到不同的人，也许还能帮你找到一些线索呢。不过你一个人在外面，要注意安全啊。"

苏戈："阿爸，你就放心吧，这边很安全。我觉得这个工作也挺适合我的,我可以通过工作结识更多的人,说不定就能打听到关于太爷的消息呢。"

父亲:"嗯,那你就先试试吧。不过你也要记住,'考公'的事情也不能耽误了,你要合理安排时间。"

苏戈:"我知道的,我会处理好的。我会在工作之余,利用业余时间准备'考公'的事情,不会让您失望的。"

父亲:"相信你一定能处理好的。不管你做出什么决定,我和你母亲都会支持你的。"

苏戈:"阿爸,谢谢你的理解和支持。我一定会努力的,找到太爷的线索,也考上公务员,让您和妈妈为我骄傲。"

父亲:"好孩子,爸期待着那一天的到来。你在那边要好好照顾自己,有什么事情随时跟阿爸说。"

苏戈:"我知道了,您也要照顾好自己和阿妈。我们一起加油!"

在这个宁静的云西村,苏戈在心中默默地为未来的路途做准备。他躺在小旅馆的木床上,静谧的深夜能听见自己的心跳。

第二天下午,阿昆发短信要求苏戈到公司报到。

在接下来的日子里,苏戈派驻到金边,开始了一名地接导游的工作。他每天忙碌地接待国内的旅行团,向游客们介绍着柬埔寨的历史文化和风土人情。虽然工作很辛苦,但是他却感到很充实,因为他觉得自己离找到太爷的线索又近了一步。

苏戈最后跟我讲,导游期间,他随团去过特本克蒙省三州府"华人村"等其他几个较多华裔聚居地,仍未找到他太爷及有关的信息。但他还会继续,以让太爷能魂归故里。但他与父母长时间分离,心里感到有些内疚。

而对于"考公"一事,苏戈早已忘在脑后了……

# 重负在肩

## 一

二〇二〇年深秋的一天,梁小冬坐在小堂屋里。手中拿着的工作邀请函仿佛成了他唯一的救命稻草。因看不上低工资岗位而失业数月的他,面对生活的冷漠与重压,他感到一种前所未有的无奈。此刻,他看着在厨房忙碌的妻子,心中五味杂陈。

"我数月来找不到工作,有件事想和你商量。"梁小冬嗓音略显沙哑。

妻子端着一盘刚炒好的小菜走出来,疑惑地看着他:"什么事?这么严肃。"

梁小冬深吸一口气,将邀请函递给妻子:"经以前的一位同事推荐,昨天我收到一份邀请函,是柬埔寨西港的一家海岛度假酒店要我过去。或许哪里最能适合我的发展。"

妻子瞪大了眼睛,看着手中的邀请函,良久说不出话来。梁小冬的心里也掀起了一场风暴,他深知这意味着什么。

离乡背井,对于任何一个中年男人来说,都是一种难以言说的痛。但生活所求，他似乎别无选择。

"你去吧，家里有我呢。"妻子终于开口，声音里藏着几分哽咽。

梁小冬知道，这句话背后的分量。妻子要承担的不仅是家庭的重担，还有对他的思念和担忧。

梁小冬的内心波涛汹涌，人生看似简单，却承载着太多的情非得已。他知道必须为了这个家去拼，哪怕是暂时的在外。

"打二三年工，争取把房贷还清就回来，那时儿子也大学毕业了。"梁小冬轻声说道，眼中闪烁着坚定的光芒。

妻子点了点头，泪水在眼眶里打转，她知道，这对他们来说，都是一场考验。而这场考验，他们必须一起面对。

梁小冬生长在广西十万大山西北冀的一个美丽的小山村，那里素有"八山一水一分田"之说。那里重恋叠嶂，风景秀美。他的父母是勤劳朴实的农民，一生耕耘在土地上，虽然劳作艰辛，但能用双手支撑着这个家的生活。

在这个家庭里，梁小冬肩负着父母的期望。他下面有三个妹妹，她们的眼神里也满是对未来的渴望。梁小冬深知，唯有读书，才能拓宽生命的半径，才能有朝一日走出这片大山。因此，他立志要多读书，用知识改变自己和家人的命运。

高考，对许多人来说是人生的转折点，然而，命运并没有青睐梁小冬。他高考落榜了。面对这样的意外结果，他心中充满了失落和自责。然而，家庭的现实让他无法选择再次复读。父母已经为他的教育付出了太多了，而家中的经济状况也无力支持他继续追求学业梦想，更何况妹妹们还要上学呢。

梁小冬回到了山村，开始了长达两年多的务农生活。在这段时间里，梁小冬每天起早贪黑，辛勤劳作。他种地、喂猪、挑水、砍柴，用自己的双手，分担着家庭的压力。尽管生活艰辛，但他从未忘记自己的梦想。每当夜幕降临，他都会躺在床上，望着那片深邃的星空，默默许下心愿：一定要走出大山，让家人过上更好的生活。

九十年代末，梁小冬带着对未来的憧憬，去到了D市那座繁华的城市。梁小冬进入一家鞋厂，他被安排在一条生产线上。橡料与鞋胶味，伴随着他的每一个工作日。梁小冬的工作十分繁重，常常需要加班至深夜，有时甚至连续几个月都没有休息日。这样的高强度劳动让他的身体逐渐被透支，但他只能咬紧牙关坚持下去。

尽管工作条件艰苦，但梁小冬依然保持着乐观的态度。每当夜深人静时，他会拿出全家的照片，看着家人温暖的笑容，心中充满了力量。那些照片不仅是他坚持下去的动力，也是他在这个工厂里最好的慰藉。

坚持几个月后，梁小冬认为，繁重的流水线工作已无法坚持，他决定跳槽。

离开鞋厂后，梁小冬并没有停下脚步，而是选择了继续留在D市发展。这一次，他应聘到了一家酒店工作，负责客房服务。这份工作相对轻松一些，但同样需要付出辛勤的努力。每天早晨，他都会早早起床，准备好一天所需的清洁用品和布草，穿梭于各个房间之间，细心地打扫每一处角落。尽管工作环境比之前有所改善，但生活的压力并未因此而减轻。

在酒店工作期间，梁小冬遇到了生命中最为珍惜的另一半。婚后，他们在D市租了一间小小的出租屋安家，日子过得平淡而充实。

而孩子的出生给这个小家庭带来了无限的欢乐与希望。为了照顾孩子，妻子选择成为全职太太。

每当夜晚来临，梁小冬会回到那间狭小的出租屋里，看到孩子们熟睡的脸庞，所有的疲惫都烟消云散。

随着D市的生活成本越来越高，二〇一四年，他入职粤北H市一家五星级酒店担任管理工作。新的职位不仅让他获得了更多的职业发展空间，还为家庭带来了稳定的收入。在H市的日子里，梁小冬逐渐适应了这座城市的生活节奏，开始着手规划未来。

经过多年的省吃俭用，梁小冬与妻子终于积攒了一些钱。二〇一六年，他在H市按揭了一套属于自己的商品房，并购置了一辆国产轿车，用于妻子方便接送孩子上下学。为了让孩子享受优质的教育，他还办理了户口迁移。

这一切改变的背后，是梁小冬多年来的辛勤付出和不懈努力。他深知，只有通过不断奋斗才能为家人创造更好的生活环境。每当站在新家的阳台上，望着城市灯火和东江夜晚流淌的河水，他都会感慨万千，感谢城市给予的一切。他对未来充满了无限期待。

然而，随着企业搬迁和旅游业的萎缩，酒店业务大幅下滑，最终导致他失去了这份工作。这给原本负有还贷的家庭带来了更大的生活压力。梁小冬不得不四处奔波寻找新的机会，但因就业市场异常严峻，岗位稀缺，求职之路异常艰难。

面对房贷即将断供及子女教育费用的压力，梁小冬感到前所未有的焦虑与无助。为了缓解眼前的困难，他也申请了失业补助金，希望能够暂时缓解燃眉之急。然而，即便有了这样，仍然无法从根本上解决家庭的经济危机。

梁小冬深知，要想彻底生活的摆脱困境，必须另寻出路，不然，这个和谐幸福的家就真的会垮掉！

几个月来，梁小冬寻找工作终于有了着落。二〇二〇年深秋的一天，他收到了柬埔寨一家酒店的工作邀请函，他为此感到欣喜若狂。

## 二

当梁小冬即将要去柬埔寨时,他了解到近年来,涉及在东南亚一些国家的诈骗组织日益猖獗,诈骗事件频发,民众深受其害,因此,国家加强了对出国人员到这些地方的管控力度。

梁小冬为了能够顺利出国,他必须在出国前做足功课,如核酸检测以及柬埔寨公司的营业执照、场景照片、法人代表身份证、邀请函、劳工合同等。

二○二○年深秋的一个早晨,南方某机场内,奔赴他乡养家糊口的艰辛,让他们匆匆的背影在明亮的白炽灯下拉得更为高大。

梁小冬在拿登机牌时,遇到了警察询问。这他第一次出国,面对警察的询问,他有些紧张。

"去哪里?"一名警察把梁小冬从排队中叫到一边,警察的话语很严肃。

"去柬埔寨西港打工。"梁小冬有些紧张,低声回答。

"之前在哪里工作?"

"H市一家酒店。"

"为什么要出国?"

"失业了,为了房贷和一家人的生活。"

"那你把酒店上班的工资支付明细,给我看看!"

"我是要求酒店每月打到我妻子卡上的,我自己没有收款明细。"

"酒店怎么可能怎样做?"

"我和酒店签了一份工资支付协议,民营企业是可以的。"

见梁小冬手机里有与朋友聊天的有一句话：向死而生。"这是什么？"警察带着一丝笑意地问道。

"出国不安全的，为我自己壮胆。"

"那这个呢！"

梁小冬接过自己的手机一看，信息是一位办理签证人员发给他的，其中有一段是如何面对机场警察询问的提示语。

梁小冬没法向这位警察解释清楚。而此时，警察也是对他的出国安全着想。

梁小冬出国被拒了……

梁小冬在候票大厅内来回徘徊，不知所措。无奈之下，他用颤抖的手拨通了柬埔寨酒店人事部的电话：

"经理，我出国被拒了，该怎么办？"

"都给你详细的出国材料了，为什么被拒？"

"是呀，我都给他们看了，还是不行呀！"

"你知道，机票是很贵。"人事经理说道，"一张九千多元人民币哦！"

"那我该怎么办？"梁小冬十分着急。

"你立即找一家国内旅游机构，他们或有办法规划出国路线的。"

梁小冬此时好像抓住了"救命的稻草"，他走出机场，焦虑的他，在一个人少的角落用手机查询旅行社信息……

## 三

我与梁小冬的见面,是在二〇二三年的十月,傍晚,在他就职的西港海岛度假酒店的沙滩上,厨师为我们准备了丰富的烧烤食材和饮料。

"你知道吗,当天,我是用通行证进香港,用护照到新加坡,然后转机到柬埔寨金边,三天后到达西港的。"梁小冬神秘地向我说道。

"你这可算是非法出境呀!"我有些不确定地说,"国家好像有这样的规定。"

"那实在没法了,被拒后,几个月内甭想再出国。"他有些激动,"出国前的上两个月房贷,还是在亲戚朋友那里凑的,不然要断供了,苦呀!"

"目前,还贷还剩下几年?"

"经过自己的辛苦,快还完了。当时,不是背负着家庭的重担,谁愿意选择背井离乡!"

是呀,有人曾调侃道:房贷,如同无形的枷锁,让许多进城的务工人员感受到江湖路远,风波难测。在这重压之下,生活变得如此艰难,仿佛连基本的自由都失去了。

梁小冬讲,旅行社为他规划了一条出国路线,先入关进香港,经新加坡,再转机到金边。为此,包括香港的一晚住宿及一路行程机票,梁小冬花费了三千多美元。

"还好,这些费用酒店都给报销了。"梁小冬有些激动跟我说。

梁小冬接着说,当天,他拖着沉重的行李箱,脚步略显踉跄地走过深圳罗湖通往香港的通道。他的眼神中透着一种难以言说的复杂情绪,既有对未知旅途的恐惧,又有一丝丝决绝。他知道自己正在踏上一条充满风险的道路,但又被某种力量驱使着前行。

到达香港后,梁小冬像一个迷失的幽灵。他不敢抬头挺胸地走路,总是害怕别人看穿他的秘密。他知道从香港出国这种方式或许是偷渡行为,尽管旅行社给他买了全程的飞机票,但这并不能减轻他内心的恐惧。

梁小冬在旅社安排的一家相对偏僻的小旅馆住下。坐在小房间有些摇晃的床边,望着窗外闪烁的霓虹灯火,心中五味杂陈。

窗外是香港繁华的夜景,车水马龙,人来人往,但这一切都与他无关。他只是一个过客,一个心怀忐忑的过客。梁小冬的手不自觉地握紧了自己的护照和机票,仿佛那是他仅有的依靠。

梁小冬想起了自己在家里的生活,那些平淡却安稳的日子。然而,现在他却置身于这个陌生的地方,即将要去做一件或许违反规定的事情。他的心跳不由自主地加快,一种罪恶感在心底蔓延开来。他试图安慰自己,告诉自己这只是一次无奈之举,但他内心的不安却如同潮水一般,一波又一波地向他袭来。

梁小冬在床上辗转反侧,久久无法入眠,脑海中不断浮现出各种可能出现的糟糕情况。明天就要乘机去新加坡了,他不知道在机场会遭遇什么。会不会被海关人员识破?会不会在登机前就被拦下?他的每一次翻身都伴随着床板发出的嘎吱声,就像他此刻内心的挣扎一样,无法平静。

当梁小冬坐在香港飞往新加坡的飞机上时,他的身体紧紧地贴在座椅上,仿佛这样能给他一些安全感。

他的眼睛不时地看向窗外,又不时地扫向机舱内的乘务员和其他乘客，内心忐忑。他感觉自己就像一个被暴露在聚光灯下的小丑，所有人都可能看穿他的秘密。

飞机起飞的那一刻，他的心也跟着悬了起来。他害怕飞机一落地，就会有新加坡的海关人员把他带走，然后遣返回国。

梁小冬的脑海中不断地想象着自己被遣返的场景，那将是多么的难堪和绝望。他的手指紧紧地扣在一起，关节都有些发白。

然而，令他意想不到的是，机场海关并没有拦下他。他的心中涌起一股巨大的喜悦和轻松，之前的担忧和恐惧在这一刻都烟消云散。

梁小冬在新加坡机场的候客厅里度过了漫长的一夜。他独自坐在角落里，掏出包里的零食充饥，看着周围的一切，心中满是辛酸。

梁小冬属于一个在这里等待转机的漂泊者。自己离家后的种种遭遇，从在香港的提心吊胆，到在飞机上的担惊受怕，现在又在这个陌生的机场里孤独地等待。

梁小冬不时地看着机场的大屏幕上不断滚动的航班信息，心中默默祈祷着自己飞往金边的航班不要出现任何问题。

当他终于坐上飞往金边的飞机时，他的心中涌起一种前所未有的踏实感。他靠在座椅上，长长地舒了一口气。

梁小冬在心里暗暗发誓，这将是他最后一次做这样冒险。他要在柬埔寨努力工作，好好地生活，把过去的一切都抛在脑后。

飞机在蓝天白云间翱翔，梁小冬的心情也如同这广阔的天空一样，变得开阔起来……

## 四

梁小冬到了西港后,在高龙撒冷岛月亮度假酒店做了一名房务总监。

高龙撒冷岛犹如一颗璀璨的珍珠,镶嵌在蔚蓝的泰国湾海面上。

踏上岛,首先映入眼帘的是一片片翠绿的椰林和龙血树,它们随风摇曳,仿佛在欢迎每一位来访的客人。沿着蜿蜒的小路深入岛内,四周环绕着繁茂的热带植被,空气中弥漫着海风和花香混合的清新气息,让人不由自主地深呼吸,尽情享受这份纯净与宁静。

岛上的海滩是其最大的魅力所在。白色沙滩细腻柔软,踩上去犹如走在云端。阳光泄在海面上,波光闪闪,跳跃着迷眼的光芒。海水清澈透明,从浅绿到深蓝渐变,层次分明。

在这里,你可以轻松看到海底的珊瑚礁和五彩斑斓的鱼群,它们在阳光下自由游弋,构成了一幅生动的海底画卷。

傍晚时分,落日沐浴在蓝色海洋的浪花中,夕阳的余晖倾泻而下,将整个岛屿染成金黄色,海面上泛起层层亮眼的金光。

梁小冬安排好酒店事务后,带着二位中国面孔的基层管理人员来到沙滩上的烧烤摊前。

"今天有口福了。"梁小冬笑着对我说,"酒店定期有团建活动,而房务部门这个月就选在了今天。"

"感谢你的盛情!"我好奇地问道,"刚来这里时,你还适应吧。"

"工作比国内更辛苦,物价也高,不敢花费。"梁小冬接着感叹道,"到柬埔寨,你的身体要好,不能生病。之前一位同事胃痛,到医院光检测费就花了一千多美元。如有牙疼、腰椎等病只能拖着,只能等机会回国去医治。"

"那语言呢?"我担心他的英语水平,"比如与讲英语的客人沟通。"

梁小冬跟我讲,他在国内做酒店时,强补了一些常用的英语。而来这里的住客们,大多来自在柬的华人和国内旅客,有一部分来自欧美的旅行背包客。日常的英语对话还能应付。

晚间,满天星斗点缀着清澈的夜空,海浪轻拍岸边,发出轻柔的声响,仿佛是大自然的摇篮曲,让人心灵得到极致的宁静与放松。

"哦,只顾说话,忘了介绍了。"梁小冬招呼正在准备烧烤食材的两位同事过来,"他们之前是我在国内的同事,也是暂时找不到工作后到柬埔寨务工的。"

站在我面前的,一位叫阿标,个高体瘦,皮肤白皙。另一位叫阿雄,粗壮的体型,干练的短发。

"收入还不错吧,听说到这里人工资挺高的。"我面向问梁小冬,心想这是个人的隐私,"抱歉,能透露点吗?"

"还行,在国外务工嘛,都是辛苦换来的。"梁小冬毫无忌讳,"不然,我怎么能到这里来打工。"

"不好意思,家里来电话。"梁小冬起身走去了一边。随即,我与阿标、阿雄聊起了天。

我得知阿标来自鲁中一山区,初中毕业后,受不了农村的劳苦,就开始在沿海城市闯生活。他到过S市、F市、D市等城市,做过工地搬砖工、广告店杂活,工厂流水线、夜场吧员和酒店服务生。

早些年在县城按揭买有一套商品房，目前妻子在家看管一双儿女。

而阿雄来自太行山上的一个小村落，家有一家大小。中职毕业后到D市及H市酒店打工，之前与梁小冬是同事，到柬埔寨算是追随出国务工。

"你的收入还行吧。"我向阿标问道。

"比我当服务生时，高多了。"阿标放下手中香喷喷的羊排，自豪地说道。

"那，你呢？"我递给阿雄一支烟，随后问道。

"我比阿标少一丢丢。"阿雄回复道。

"你们同为主管，为什么有差异呀！"我有些疑惑。

"你不知道，阿标的嘴可甜了，每天嘴里就像抹了蜂蜜似的，客人给的小费比我拿的多。"阿雄看着阿标说道，"是嘛，阿标。"

我们三人举起酒杯，相视一笑。

码头上，随着一声汽笛声，一艘豪华游艇缓缓靠岸。此时，梁小冬走过来，"阿标阿雄，你们去迎接一下客人。"

"抱歉，刚才是我妻子来电话。"梁小冬坐下来说道，"儿子大学毕业后，前后投了二百多份简历，都石沉大海。灰心了，决定要考研，妻子问我报考哪家大学好。"

"现在，每年毕业的大学生太多了，考研是好事呀！"我附和着说，"这么晚了，还会有游船来？"

"是私人游艇。"梁小冬似乎有经验地说，"像这种，一般是集团公司老板带着管理团队，到岛上来开下年度工作规划会，也顺便度假来放松。"

"我们痛恨社会上的诈骗分子！"梁小冬带着酒意的语气，"其实，你也看到了，我们挣的是本分钱、辛苦钱。生活简单，还不能生病。但是，我们还得对客点头哈腰，哄他们开心。不然，你随时得丢饭碗！"

"理解！"我安慰道。

"我的前半生带着妻儿颠沛，而下半生或许还要在国外打拼。"这算是，有时累了想喝点，有人能陪他聊天吧。梁小冬的话语中带着内疚，"我真的亏欠于妻儿，有愧于双方的父母！"

正如，任夏在《我真怕自己哪天倒下》中唱到：我真怕自己拼命赚钱，养不起全家。我真怕自己哪天倒下，谁撑起这个家？

说实在的话，男人一旦过了四十，最害怕挣不到钱。怕年迈的双方父母生病，怕与妻子长时间分离，怕孩子不听话没出息。心里的担心承受不住生活的压力，某一天自己就突然倒下了！

我想，在异国他乡，你得随时保持着热爱，这是生活中最明亮的勇气！如果你在这条路上"倒下"了，那，家该怎么办！

因为梁小冬忙，也许他还有许多话跟我聊。我决定在岛上多待一些时间。

深夜的西港高龙撒冷岛，夜空深邃得仿佛无边无际，繁星闪烁，如同无数颗镶嵌在黑幕上的钻石。皎洁的月光柔和地洒在这片古老的岛屿上，宛如一片神秘莫测的仙境。

远处，渔船上的灯火在波光粼粼的海面上跳跃，宛如一颗颗闪耀的宝石，散发着迷人的光芒。

沉醉于这美妙的夜色之中，人们似乎能够忘却尘世的喧嚣与纷扰，只想静静地沐浴在大自然的恩泽之下。

此刻的我，仿佛感受到了"与谁同坐，明月清风我"的意境，心灵得到了一种宁静与升华。

## 五

第二天，下班后的梁小冬来到我住宿的房间，手里带着打包盒和一箱当地产啤酒。进门便说道："住得还习惯吧？"

"很好的，难找这样优美的环境！"我称赞并发出疑问，"听说，这座岛交由一家跨国集团公司统一规划开发，那你们今后怎么办？"

"还早着呢，有一个缓冲期，政府会协调解决的。"梁小冬自信地说，"岛上已有大大小小的度假村、餐馆和一些生活与配套服务几十家，这需要时间来消化。"

"你几年没回家了？"我关心地问道。

"三年了。"梁小冬有些叹气，"不敢轻易回国呀，你是知道原因的。"

自从梁小冬来到这座岛上，为了一家人的生活能过得好一点，他每天坚持着苦与累，并节省开支，三年没回过一次家。

在这打拼的三年里，每一个日出日落都伴随着他思乡的愁绪。在即将还清房贷的时刻，梁小冬的妻子心中涌动着深深的思念，仿佛有无数话语想要倾诉。

妻子："老公，今晚的月亮特别圆，就像你当年离开时那样明亮。我想你了，你知道吗？每当夜深人静，我都会想象你就在我身边，那些关于家的温暖回忆就像一幅幅画，在我心中不停地浮现。"

梁小冬："老婆，我也想你们。每当夜深人静，我也会望着星空，想象着我们的家，想象着你和孩子温暖的笑容。这三年的艰辛，让我更加明白，为了你们，一切心酸都是值得的。"

妻子："我知道你为了我们付出了太多。每当看到孩子成长的点点滴滴，我都感到无比幸福。我们的家越来越好了，你一定要保重身体，我们都在等着你平安回来。"

梁小冬："你的话让我倍感温暖。这三年来，我知道你们经历了很多酸苦，也时刻都在提醒我自己，为了你们，我必须坚强打拼。孩子的成长，你的关心，是我最大的动力。"

妻子："我们的孩子在学业历练中，变得更加勇敢和自信，准备考研就是最好的证明。"

梁小冬："这几年的亲情分离，让我更加珍惜与你们相处的每一刻。但我还想坚持一下，再结束这段异国的打拼之旅，回到你们的身边，共同面对生活与未来。"

梁小冬不敢把当时出国的路线一事告诉妻子，他害怕妻子的担心。一旦他回国，他或许将面临被处罚，也许不可能再出去了。

梁小冬知道，这是对爱的坚守，也是对家的执着，更是对追求美好生活的尊重。

我想，人生不易，生活逼着我们负重前行，背上沉甸甸的责任感，向风雨中坚定地走去……

# 挫折与新生

## 一

首次面见张景秉,是在二〇二三年冬月的一个傍晚,他给我的第一印象,感觉是一位很有故事的人。

这位四十四岁的汉子,他留着平头,皮肤粗糙,脸庞被太阳晒成了古铜色。一双手粗壮而有力,结满了厚茧。这也许是生活的重压和在野外辛勤劳作赋予他的印记。而他那双深邃的眼睛,透过岁月的沧桑,依然闪烁着坚定的光芒。

从他的身上,我感受到一种饱受风雨洗礼后的沉静与从容。

张景秉出生在赣南一个偏远的小乡镇农村,那里的山水孕育了他坚韧的性格和对生活的执着追求。他的故事如同这片土地一样,既平凡又充满波折。

在家乡,张景秉最初从一个小包工头做起。他带着一群朴实的工友,穿梭于乡镇的各个角落。他们承接一些小的建筑工程,从简单的民居修缮到小型的商铺门面装修。

因张景秉为人实在,干活儿也踏实,在当地渐渐有了口碑。

凭借着几年来积累下来的信誉和人脉,他决定开一家房屋装修小公司。

公司刚起步时,充满了生机与希望。张景秉亲自跑业务,每一个潜在的客户他都用心去对待。他会带着自己精心制作的装修方案和善意,向客户详细地讲解每一个设计细节、每一种材料的优劣。在施工现场,他更是亲力亲为,监督着每一道工序的质量。那些日子里,他虽然忙碌,但眼中满是对未来的憧憬。

张景秉的公司逐渐发展起来,业务范围也开始向周边的乡镇扩展。

然而,好景不长。随着业务量的增加,工程管理上的漏洞开始逐渐显现出来。由于自己缺乏系统的管理经验,在一些大型工程中,张景秉无法有效地协调各个施工环节。工人之间的分工有时不够明确,导致施工进度拖延。而且,在材料的采购方面,为了节省成本,他选择了一些质量不太可靠的供应商。这使得工程质量出现了一些严重的问题。有的房子装修后不久,墙面就开始出现裂缝,地板也出现空鼓现象。

那段日子里,公司的经营状况也每况愈下。一方面,由于工程质量问题,客户的投诉不断增加,很多原本预定的业务被取消。另一方面,为了弥补之前工程的问题,他不得不投入大量的资金进行返工,这使得公司的资金链变得异常紧张。

在这种恶性循环下,公司的财务状况陷入了绝境。最终,张景秉欠下了巨额债务。

债务,如同一个沉重的枷锁,将张景秉紧紧地束缚住。他从一个满怀希望的创业者,瞬间跌入了生活的低谷。

张景秉的生活陷入了前所未有的困境,还背负着大笔的贷款和欠款。于是，他卖掉车子用来偿还部分债务，但这些都只是杯水车薪。

张景秉每天都在为如何偿还债务而发愁。他试图去寻找新的业务，希望能够东山再起。可是，由于之前的工程质量问题，他的公司信誉已经严重受损。

在装修行业里，信誉一旦崩塌，想要重新建立起来是无比困难的。张景秉四处碰壁，没有人愿意再把工程交给他。

更为要命的是，催债人开始频繁地出现在他的生活中。他们如同阴影一般，时刻笼罩着张景秉的家庭。每天，电话铃声不断，都是催债人打来的。那些催债人的话语中充满了不耐烦和愤怒。

张景秉的妻子在家里常常以泪洗面。原本温馨的家庭氛围变得压抑而沉重。他们的孩子也感受到了家庭的变故，变得沉默寡言。张景秉看着家人的痛苦，心中充满了愧疚。

焦虑和恐慌成了张景秉的常态。他常常在深夜里辗转反侧，无法入眠。他的脑海里不断地浮现出那些债务数字，想着那些催债人。他害怕出门，害怕面对那些曾经信任他的人。

张景秉心里清楚，欠债还钱，天经地义。

张景秉觉得自己仿佛是一个失败者，让所有人都失望。他的身体也因为长期的精神压力而变得憔悴不堪，原本乌黑的头发开始变白，脸上的皱纹也越来越深。

在这样的生活状态下，张景秉感觉自己仿佛失去了对生活的掌控权。

张景秉的每一天都在煎熬中度过，曾经的梦想和抱负早已被残酷的现实击得粉碎。他不知道自己还能不能从这个深渊中爬出来，重新找回生活的希望。

张景秉看着自己的家人，心中满是愧疚。他让家人陷入了这样的困境。他的孩子原本可以过上无忧无虑的生活，现在却要在这种压抑的家庭氛围中成长。他的妻子原本可以幸福地操持着家庭，现在却要承受着巨大的精神压力。

张景秉的内心充满了矛盾。他想要逃避，想要离开这个让他痛苦的地方；但他，又知道自己不能逃避，他必须面对这些债务，要为自己的家人负责。这种矛盾的心理让他更加痛苦，他不知道该何去何从。

他开始回忆自己创业的历程，从最初的满怀希望到如今的一败涂地。他意识到自己在创业过程中犯了很多错误，尤其是在工程质量和公司经营管理方面。

张景秉感觉，现在后悔已经来不及了，他必须想办法解决眼前的问题。

他试图寻找新的商机，希望能够找到一个可以让他翻身的机会。他不再局限于房屋装修行业，开始关注一些新兴的行业。但是，由于缺乏资金和人脉，他的这些尝试大多都以失败告终。

张景秉的生活陷入了一种恶性循环。债务的压力让他无法安心地去寻找新的机会，而找不到新的机会又无法偿还债务。他感觉自己仿佛陷入了一个死胡同，找不到出路。

在那段过渡焦虑的日子里，张景秉也曾经想过放弃。他觉得自己已经努力到了，却依然无法改变现状，或许这就是命运的安排。

每当看到妻子和孩子那充满期待的眼神，他无数次告诉自己，不能就这样轻易放弃，他须要重新振作起来。一定要找到出路，为了家人，也为了不辜负那些曾经帮助过他的债权人。

## 二

"在家里,我的路走不通了。为了还债,我是在二〇一七年春节后到柬埔寨的。"张景秉面带微笑给我说,"那时的西港发展正酣,赶上了好时候!"

"那你妻子可要受讨债人的气了。"我疑问道。

"我与债权人签了承诺书。"张景秉诚恳地说道,"在约定的时间里把钱还清,并支付利息。"

"那这样你可在外安心工作了。"我赞许道。

张景秉从口袋中掏出一个小本本,里面记录着欠债明细,他有些自责。"每月中旬,是家里还账的日子。"他接着地说道,"当夜深人静时,我在出租屋里都要算算还了人家多少,还欠多少。人家也要过日子呀!"

"你不介意的话,能给我瞧瞧么?"我带着征求的语气问道。

张景秉顺手递给我,本子已发旧,里面有带着沙泥和钢筋锈斑的双手摸过的印迹。里面记录着欠汪某某三十点五万,已还三十万;欠陆某十一万,二〇二〇年四月已还清……

在这发皱的本子中,让我看到了这位朴实汉子的一种诚信与责任,一种对承诺的尊重和对信用恪守的自我约束。

"西港为什么出现这么多烂尾楼?"我转移话题,好奇地问道,"你应该了解一些吧。"

"像我们这样有实力的房地产公司,是不会出现楼烂尾的,"张景秉自豪地说道,"我们几乎每天都在开工。"

他继续说道:"据我所知,只是一些资金不足和炒楼投机商,或股东之间因增资等出现矛盾，或与地主方出现合同纠纷所产生的烂尾。"

据简单网，二〇一八年和二〇一九年，是西港"狂飙突进"的年代，不少投资者在西港投资盖楼，一栋栋大楼拔地而起。但随着投资过热所造的打击，让不少在建的大楼停工成为烂尾楼。但近几年，政府一直在致力于这些问题的解决，很有成效。

张景秉说："西港那时候市场好，大家都赚钱。有很多临时组合的投机商。就是今天咱俩认识了一起搞一个项目，但其实互相之间并不熟悉。"

张景秉继续讲述道，当时，前期有些人都赚钱了。因此，很多时候是有人组局大家在外面一起吃饭，两个人坐着聊起来。你说你有个项目，我手里正好有五十万的闲钱，那我就投五十万，你告诉我拿多少股份，回头下来写个协议就完了。市场不好的时候，比方说投五十万占百分之十的股份，现在一个月亏五万，就应该要补五千的亏损过来。但是我手里也没钱，我说我拿不出这五千来了。后来你可能又代表我把项目转给别人，收了钱，我去哪里行使我原来百分之十的股权？

"你到西港后，还好吧。"我又转移话题地问。

"还行，我来得早，而且自己还懂一些建楼经验。"张景秉诚恳地说："我开始做项目部主管，公司看我勤奋，能吃苦，现在做经理了。"

"恭喜你，看来，你的在外求生没有被辜负。"我赞许地回复道。

张景秉讲，二〇一七年春节刚过完，他就告别了家人，怀揣着梦想和对未来的憧憬，踏上了柬埔寨的征途。这座位于柬埔寨西南海岸的城市，正在经历一场前所未有的发展热潮，成为无数投资者和建设者心中的黄金之地。

在朋友的引荐下，张景秉加入了一家拥有中资背景的房地产开发企业。作为新员工的他，迅速展现出了自己在建筑行业的专业素养和工作热情。通过不懈的努力和丰富的经验积累，他在短短几个月内就赢得了上司的认可，成功地为自己争取到了一个重要的职位——项目部主管。这个岗位不仅意味着更多的责任，也为他的职业生涯开启了一个新的序章。

张景秉所在的团队负责开发一座集购物中心、酒店公寓和高档住宅为一体的大型城市商业综合体。这是西港城市建设中的重要组成部分，也是推动当地经济发展的关键项目之一。项目工期紧、任务重。为了确保工程按时完工，整个团队几乎每天都处于高强度的工作状态之中。

在这个项目中，除了中籍人员大多担任管理工作外，大多数工人都是来自柬埔寨周边及各地的进城务工人员。他们的工作技术及经验相对较低，这给项目的推进带来了很大的困难。

为了确保工程的进度，张景秉不得不亲力亲为，每天在工地一干就是十多个小时。他不仅要协调各个部门之间的工作，还要解决各种棘手的问题，如材料供应不足、交叉作业混乱、工人施工不规范等。这些问题看似琐碎，但却关系到整个项目的工程质量和进度，容不得半点马虎。

在西港炎热的天气里，张景秉和他的同事们每天都要忍受高温和汗水的洗礼。长时间的户外工作和巨大的压力使得其生活变得异常艰辛，但他们从未放弃过对目标的追求。

几年间，公司在西港完工了两个大型综合体房地产开发，员工们陆陆续续转场到了金边森速区新的项目工地。

二〇二二年十一月的一天，张景秉处理物业交接忙到了深夜。为了赶工时，他要凌晨从西港出发，赶往金边的新项目工地。

## 三

柬埔寨首条高速公路——金港高速，是中柬在"一带一路"框架下高质量合作的重点项目。于二〇二二年十月正式通车，全长约一百八十七点五公里，双向四车道。从金边的市中心出发，一路向西，直至西哈努克港。沿途，它穿越了柬埔寨特有的热带雨林、稻田以及散落的小村庄，呈现出一幅生动的自然风光与人类活动交织的画面。

半夜两点时分的西港，城市的街灯在深邃的夜色中闪烁着。街道上，除了偶尔穿梭的车辆，一切都显得格外安静。

张景秉，一位忙碌于工作的人，匆忙地坐上了一辆预定的私家出租车，从西港出发，怀揣着对新工地的期待，踏上了前往金边七星海项目的路途。

但他没想到，在那个寂静的凌晨，一场突如其来的重大车祸如噩梦般降临在他身上，他几乎与死神擦肩而过。

"现在想来还后怕。"张景秉说道，"当时，叫了一辆私家出租车，车况也不咋的，司机是当地人。"

"为什么不在出租车平台上叫车呢？如乐马专车[1]，"我有些疑问，并继续说道，"我体验过，服务很好的。"

"私家车一趟，便宜二十至三十美元，为了给公司省点钱。"张景秉朴实地回答道。

---

[1] 乐马专车，柬埔寨最安全实用，可提供中文服务的一款国际打车软件(Move)平台。

张景秉接着讲，凌晨二时许，车子缓缓启动，柬籍司机操控着方向盘，十五分钟后，出租车驶上了金港高速。张景秉坐在后座上，没系安全带，眼睛看向窗外不断后退的景色，思绪已经飘向了即将开展的工作。

然而，没过多久，他就察觉到了司机的异样。司机似乎有些恍惚，那握着方向盘的手也不像刚开始那般稳当。张景秉心中涌起一丝担忧，他赶紧拿出手机，打开翻译软件，用柬语提醒司机开慢点。司机听到手机发出的声音后，微微点了点头，车速似乎稍微降了一些。

张景秉白天的长时间工作，直到到深夜也没合过眼，渐渐抵挡不住凌晨的困意。车窗外的景色在他眼中变得越来越模糊，他的眼皮越来越重，渐渐睡着了。

张景秉头歪向一边，身体随着车子的轻微晃动而微微摇晃着，陷入了沉睡之中。

张景秉不知道，柬籍司机晚上也没睡过觉，为了快点到达目的地，司机在高速公路上开得很快。车轮在高速路面上飞速地旋转着，发出呼呼的声响。

在西港往金边高速公路大约一百四十五公里处，司机的困意来了。前方一辆大巴车正稳稳地行驶着，而出租车就像一头失控的野兽，司机在迷糊中一拨方向盘，撞上大巴车的后尾侧，紧接着，在强大的冲击力下撞断了护栏，翻入了旁边的水沟中。

司机被卡在了驾驶室里，已经陷入了昏迷状态。而张景秉呢，在猛烈的撞击下被直接抛出了车外。他重重地摔在地上，那巨大的冲击力让他瞬间被惊醒。他只觉得自己全身像是被无数根针扎着一样疼，整个人仿佛散了架。

张景秉努力地想要睁开眼睛，却只看到一片模糊的光影，耳朵里嗡嗡作响。他下意识地想要站起来，可是身体却不听使唤，每一处都传来钻心的疼痛，他只能躺在那里，全身上下都是血。

时间在痛苦和黑暗中慢慢流逝，大约二十五分钟后，交警和救护车及时到达了现场。此时的现场一片狼藉，大巴车车尾被撞得变形，而出租车更是惨不忍睹。

张景秉躺在黑暗的水沟边，那凌晨有点寒意的地面仿佛要把他仅存的一点体温都吸走。

他的意识在疼痛的刺激下逐渐有些清醒过来。他知道自己必须联系公司，可是他四处摸索着找手机，却发现手机不知在车祸发生时被甩到哪里去了。他心急如焚，却又无能为力。

交警们和救护人员开始忙碌地救援着受伤的人员。他们先看到了卡在驾驶室里的柬籍司机，还有大巴车上受伤的乘客。而张景秉因为被甩到了水沟边，一时没有被发现。等交警终于找到他的时候，由于语言不通，双方根本无法进行有效的交流。交警看了张景秉一眼之后，又急忙去救助其他更重的伤人员了。

张景秉模糊的眼睛看着他离开的背影，心中充满了无助。他躺在那里，心中满是绝望，他想自己不会就这么"倒"在这里吧——远离家乡，在这个砖红壤的地方。

然而，张景秉并没有放弃求生的欲望。他强忍着疼痛，发出一口洪亮的呼救声。那声音在嘈杂的救援现场显得那么有力，却又那么迫切。

一名女救护人员听到了他的声音，顺着声音来到了他的面前。张景秉像是看到了救命稻草一样，他用眼神祈求着女救护人员，然后指了指她的手机。女救护人员似乎明白了他的意思，把手机递给了他。张景秉赶紧拨通了公司一位华裔同事的电话，简单地说明了自己遭车祸的情况。

很快，公司就派车赶到了现场，决定将张景秉送往金边医院救治，那里救治条件比西港好一些。

张景秉到了医院之后，经过详细的检查，医生发现他的伤势十分严重。

张景秉上下嘴唇被撞开了约五厘米的裂口，那伤口看起来触目惊心，鲜血还在不断地渗出。四颗门牙也在车祸中掉落，面部肿得几乎看不见眼睛。右手手臂骨折了，左胸处的两根肋骨也断了，这使得他根本无法站立和行走。

他只能躺在病床上，忍受着身体上的剧痛。

"我感激公司。"张景秉激动地说道，"没有护士和公司的及时援救，我或因流血过多，可能会交待在那里了。"

"救护车的人不救治你吗？"我疑惑地问。

"因没有车祸险，但也不知道我的身份。"张景秉说道，"当时，我的情况严重，在金边的救治条件比西港好一些，且项目部在金边，看护也方便些。"

在张景秉住院的这一个月里，公司人力资源部与财务部杨总给予了他极大的关爱。专门派了两名华裔同事轮流在医院里陪护他。他们就像他的亲人一样，给他端茶、倒水，陪他聊天解闷，还帮助他与医生沟通病情。

在公司的关心和同事的照顾下，张景秉的身体逐渐地恢复着。他心中对公司充满了感激，也对这次死里逃生的经历有了更深的感悟。

张景秉知道，在异国他乡，虽然会遭遇危险和困难，但只要有希望，有身边人的帮助，就一定能够渡过难关。

这场凌晨的重大车祸，成了张景秉人生中一段刻骨铭心的经历。让他经历了生死的考验，也让他感受到了人性的温暖。

在未来的日子里，他将带着这份经历，更加坚强地面对生活的挑战。

## 四

张景秉所住的出租屋，在一家当地华裔房屋的三楼，有些年代成色感。空间虽然不大，但洗浴间、阳台及基本居家设施一应俱全。

小小的厨房里，张景秉放得最多的是大袋装的方便面、粉丝和一托鸡蛋。

房东生活在二楼，临街的一楼是自己开的杂货店，老夫妻二人过得悠闲自在，对人也很好。

这么一家有实力的房地产公司，面对这样居住条件，我有些疑问："你们公司不提供食住吗？"

"不提供，因项目经常换地方，但每月有可观的住房补和餐补，住房按公寓标准给予补贴。"张景秉有点不好意思地说道，"我是为了节省钱，没选择住公寓楼，每月，我可节省一百五十美元左右。"

"那，一年会省很多钱。"

"没办法，一切都是为了还债。"张景秉准备做晚饭，向我说道，"每月十一日发薪水时，是我最兴奋的时刻。今晚，我们就简单吃个饭。"

"你客气了！"我接着问，"你在柬打拼几年了，债务快还清了吧。"

"我总共欠了八十六万多元，尚未还的，不到二万元，快解脱了。"

"那你在这里的辛苦没有白费，总算要熬出头了。"

"我在生死边缘走了一遭。"张景秉带着幽默且有些唯心地说道,"老天不敢收留我呀,它知道我的债务还没还清!"

"你车祸的事,向家人讲过么?"

"第二天就给妻子说了,她还想到医院来陪护我。"张景秉心里有些酸楚,"出国极为不便,当时航班熔断,航班少,一张回程机票要几万人民币,唉……即使这样还订不到票。后来听我儿子讲,她在家流泪了好几天。"

说到这里,张景秉也给我讲了他公司同事的一件遗憾事。

一位来自安徽的同事,因母亲病危,没法回家见母亲最后一面。母亲病逝后的那段时间,他上班总是看着北方发呆,没精打采。下班回到住宿里,一个人伤心流泪痛哭。有时,上级关心地问他,也默不作声。因为他知道,一边在北方,一边在南方,虽距离不远,但那时犹如是两个世界,他无法踏上这段奔丧之路。

"你来了,加外卖一起弄了四个菜。"张景秉有些不好意思对我说道,"平日里,就一二个菜下饭。超市里菜很贵,吃不起。"

"你工作这么忙,如何有时间买菜?"我回应道,"你客气了。"

张景秉讲,他是经过"简单点[2]"平台,由跑腿小哥在当地人的菜市场购买食材,都是些当地人自产的原生蔬菜,虽品相不好,但很有菜味。当地人去购买,便宜了许多,这样一个月能节省一些钱。

"你在这里打拼好些年了,职位和薪水应该有升吧?"

"公司项目多,又见我肯干,到森速区新项目就干上了项目

---

[2] 简单点,柬埔寨的一款网上购物与服务平台。

部经理,"张景秉有些激动,"再加上我之前出过车祸,公司很照顾我!"

"好人,终会得到上天眷顾的,"我回答说,"哪怕来得晚一点。"

张景秉有些自嘲地说:"我的前半生在国内奋斗,用辛勤浇灌美丽城市,让冰冷的建筑拥有了温度,让城市焕发了生机;而下半生在国外打拼,在繁华喧嚣的都市背后,用汗水抚润着城市的土地,用双手筑起了一座座高楼大厦。这也许是命运对我的安排吧,但我很自豪。"

在我看来,在农民工的肩上,不仅扛着城市的未来,更承载着家庭的希望。他们背井离乡,远离亲人,只为给家人一个更好的生活。

他们不仅是城市建设的直接参与者,更是时代进步的见证者。

我想,一些人执着出国务工这条路,其实,归根到底就是为了生活有更多的选择。或许,有极个别人好逸恶劳,虚度光阴;但,绝大多数的人守正肯干,获得了新的生活,就像张景秉这样。

我想,站在更高的起点上的张景秉,他将面临更多未知的困难和机遇。继续还债是他努力的出发点。

当晚,在告别张景秉之时,他轻声细语,约我次日一同前往他的项目工地参观,让我亲身感受那里的辛勤与成果。

我也想,张景秉的坚强和努力,最终治愈了他自己。从他的身上我仿佛看到了一个"柬漂"者所展现出来对前路无畏的勇气与心态——"风力掀天浪打头,只需一笑不须愁。"这正是他所持有的奋进精神,着实令人钦佩。

## 五

张景秉在森速区的项目工地工作，已经快一年了，一期工程早已封顶。这是一个开发为三期的综合性房地产项目。

森速属于金边扩容规划的新城区。在过去的十年中，由于柬埔寨金边地价快速增长，许多人口开始从城市中心迁移到郊区，森速区得以迅速发展。逐渐形成新的首都主要居住城镇和社区，成为首都经济发展新驱动的强大引擎，被人们誉称为"新金边"。

一大早，我来到张景秉所在的工地。他骑着摩托车也快速赶来。

"公司没有配车吗？"我问道。

"有的，但这样时间不方便。"张景秉边摘下头盔边向我说，"同事送给我的二手车，即使下班后，工地有问题要处理，来回也便捷些。"

张景秉指向远处说道："崭新的双向六车道属于国家的样板路，而区内的医院、国际学校，商业区、住宅区、酒店休闲与餐饮区，都是按国际新型城市给予合理规划与布局，在这里生活的人们很空透、舒适、安逸。"

"这比金边的拥挤，更具现代的都市化模样。"我说，"我现在客居在隆边老城区，周边的楼宇确实让人有些压抑感。这里的变迁，也有你们的一份贡献与功劳！"

张景秉淡淡一笑。

张景秉的项目部设在第一期框架楼的第一层，里面各类建材堆放有序。但有些阴暗与潮湿。

他今天要处理建材供应商及进度延迟等问题。

张景秉讲,他们项目的建材货柜好多是从国内过来的,由于经越南过关的问题,造成施工建材不能按时到位,影响了施工。他要协调与调整作业面,以按期能跟上进度。

此时,我想体验在国外搬砖的感受。他看见我弱小的身体,关心道:"若你光着肩膀,强烈的阳光下,一小时的太阳会让你脱皮的!"

"试试吧,体验一下在柬埔寨打工是怎样的辛苦。"

张景秉见我的执意,随即叫手下人拿来安全帽、背心和手套。便说:"那你试试运砖吧,这活最简单。"

清晨的工地,阳光就已经炽热得如同火焰在皮肤上舔舐。我站在建筑工地的入口,尚未开始工作,汗水就已细密地布满额头。当我戴上安全帽,那沉甸甸的感觉仿佛给脑袋套上了一个闷热的蒸笼,热气在安全帽内聚集,顺着头皮流淌下的汗水瞬间被捂得温热,让人有些晕眩。

在我用斗车运起第一车砂砖,推行在积水与坑洼路面时,能感觉到自己的呼吸变得急促起来,每一次吸气都像是在吞咽着一团火,高温混合着这些穿戴装备带来的不适,让我对即将开始的体验有了一种莫名的难受。

在这个建筑工地上,柬籍劳工们忙碌的身影如同忙碌的蜂群。其中不乏女工,她们瘦弱的身躯在繁重的劳作中却展现出惊人的坚韧。

我看着那运送沙砖块的场景,一辆辆装满沙子的手推车被推到升降机旁。男工们肌肉紧绷,手臂上青筋暴起,用力地推动着沉重的车子;女工穿着朴素的衣服,头上裹着头巾,露出坚毅的眼神。

不到两个小时的劳作，我就已经感觉自己像是被抽干了所有的力气。我的手臂酸痛得仿佛不属于自己，每一次抬起都像是在对抗着巨大的重力。双腿也像是灌了铅一样，沉重得难以挪动。

我瘫坐在一堆砖块旁边，望着周围依旧忙碌的柬籍劳工们，心中涌起一股难以言喻的复杂情绪。而在这个陌生的国度，像张景秉这样的来柬务工者们，为了生活，他们每天都要承受着这样高强度的劳作。而我在这里体验几个小时，就已经难以忍受，他们却要日复一日，年复一年地坚持下去。

我开始深刻地感悟到在国外讨生活的不易。远离家乡和亲人，面对陌生的环境和语言，没有在家亲人、朋友随时的慰藉，需要付出比常人更多的努力去埋藏内心的苦楚，用自己的双手去打拼。他们或许没有远大的理想，只是为了家人能够过上更好的生活，但这种朴实而坚定的信念，却让他们在艰苦的环境中绽放出不屈的生命力量。

这种力量震撼着我，也让我明白，无论生活在何处，无论面对怎样的困难，只要心中有希望，有坚持下去的勇气，就能够找到属于自己的立足之地。

我看着自己满是泥污和水泡的双手，这双手虽然经过岁月的风雨，但从未经历过这样的磨难。而现在，它们是我艰辛的体验生活的见证者。

我知道，这次在金边建筑工地的搬砖体验，将会成为我人生中一段难忘的经历，它时刻提醒着我，在哪里过生活都不容易。

中午，我和张景秉在工地上吃着盒饭。他的话语带着歉意："不好意思，赶工期离不开现场，中午就吃这盒饭垫垫肚。你体验感觉怎么样？是不是觉得挺难的？"

"确实不容易，我没想到搬砖这么费体力。"此时的我，拿着筷子的手还有些微微发抖，"这高温更让人难受，不到两小时就让我累得不行了。"

"这说明你还不够了解劳动人民的辛苦。我们这些做建筑的，每天都要重复这样的劳动，风雨无阻。"

"其实也没有什么特别的。我们都是为了生活。每一块砖，每一滴汗水，都是我们生活的见证。"张景秉继续说道，"当我坚持不下去时，就会再咬咬牙。"

"是的，"我回应道，"人生除了生与死，其他或许都算是擦伤，有人等烟雨，有人怪雨急。"

"有道理。"张景秉面带一丝笑容回应道。

"那你今后，有什么打算？"我带着疑问，"比如，回国发展。"

张景秉不假思索地说道："我与妻子商讨好了，我争取再干一二年，有点积蓄后，回老家准备干一个生态农场。在这里，我们还只是过客而已。"

"干这个好！听说国家是有政策鼓励的。"我赞许地回复道。

张景秉深吸了一口气，接着说道："是啊，我们的土地是生命的源泉，我们要把那片土地变得更富饶，让更多的生命得以生长。异国的城市繁荣，固然让人着迷，但家乡那份与自然相依的宁静，是我们无法忘却的情怀。"

"那么你们准备做些什么呢？"我好奇地问。

"打算种植有机蔬菜，同时也会养一些家禽和蜜蜂。生态农场不仅能为我们提供新鲜的食物，也能让更多的人体验到自然与生活的和谐。"张景秉眼中闪烁着期待的光芒。

我点了点头："这是一个很有意义的计划。我相信你们会成功的。"

"我也有这样的信心。"张景秉肯定地说："而且我们还会利用现代科技，科学种植和管理。对，我们还要努力打造一个亲子生态农场。让孩子们能在这里体验到农耕的乐趣，同时也让他们更加了解食物的来源。"

我感慨道："这真是一个充满希望和梦想的好计划。我相信你们一定能实现这个梦想。"

张景秉眼中都充满了对未来的期待。他知道这条路并不容易走，但他愿意为自己的又一个梦想而努力。他相信，只要他坚持下去，就一定能够把家乡那片土地变得更加美丽和富饶。

我想，张景秉所失去的，将以另一种方式归来。他出国打拼还债的过程，虽岁月有些带伤，但亦有平凡人的光芒。这不仅是物质上的解脱，更是他精神上的重生。

# 我只是在柬干汽修工

## 一

罗晓晨的老家，在湖北大别山南麓下的一个美丽的小山村，老家有三间半石头瓦房。他是一个怀抱梦想的年轻修理工。二〇一八年，罗晓晨从网上等渠道了解到西港城市飞速发展的消息，他怀揣着对未来的期待，于当年春节后，去到柬埔寨做了一名汽车修理工。

二〇二一年春月的一个中午时分，两名年轻的警察在村长的引领下，突然出现在罗晓晨的家。

罗晓晨的父亲见状，心里有些不安。心里犯嘀咕，自己老实本分的，难道是儿子在外面出了事？

这时，村长发话了："他们两位是派出所民警，是为你儿子的事而来的，你要好好配合哈。"

"晓晨真的出事了！？"父亲端着茶水递给民警和村长，手有些发抖，眼中带着一丝疑惑，"他在国外怎么啦！警察同志。"

派出所近期接到上级部门的通知，要求对辖区内所有在外务的公民进行一次全面的信息核对和报备工作。其中，罗晓晨的名字赫然在列。张警官深知，这位年轻人远赴海外，从事着汽修工作，但具体的情况如何，目前并不清楚。因此，张警官决定先从其父亲入手，要求他协助联系罗晓晨，并说服他尽快回国，到派出所完成报备手续。

"您老，别紧张。"一位年长一点的张警官见父亲有些恐慌，带着微笑安慰道，"他没犯事，只是，我们要了解他的一些情况，也算是一次家访，"

春天的阳光透过斑驳的树影，洒在罗家老屋的门前。

"罗老先生，您可能不知道，这几年我们国家在东南亚地区的诈骗案件非常多，你儿子在那边的情况，我们有些担心。"张警官语气中透露着关切，"我们了解到您儿子去了柬埔寨有些年了。我国政府高度重视每一位海外同胞的安全。因此，我们希望能够得到您的协助，劝一劝您儿子回国一趟，到我们派出所进行报备，这对他以后出国有好处。"

父亲听着民警的阐述，脸上闪过一丝忧虑："警官同志，晓晨那孩子从小就老实且独立，他出国做汽车修理工是为了生活和一个梦想，我明白他的苦衷。但你们说的诈骗案件，他真的会卷入其中吗？"

张警官摇了摇头，语气温和："罗老先生，我们并不怀疑罗晓晨的人品。但是，现在的情况复杂，诈骗团伙的手法也越来越隐蔽。你儿子如果能回国报备，我们就可以更好地掌握他的信息，为他提供必要的帮助和保护。"

"我明白了。"父亲沉默片刻，眼神中流露出坚定，"我会尽快联系儿子的，说服他回国报备。毕竟，安全最重要。"

张警官面露感激:"您的理解和支持对我们来说非常重要。我们会持续关注罗晓晨的情况,并为他提供必要的帮助。同时,也请您转告他,让他务必小心谨慎,不要轻易相信陌生人的诱惑。"

听着民警的话,心中五味杂陈。"是啊,我也担心他在那边的情况。"罗晓晨的父亲叹了口气,"但我也知道,他可能因各种困难暂时回不来,上一次也给村长说了。"

张警官点了点头,"我们理解他的难处。但考虑到当前东南亚的形势和大环境的影响,我们希望他能尽快回国,在我们的派出所进行报备。这样我们也能更好地了解他的情况,为他提供必要的帮助。"

父亲沉默了一会儿,然后说:"我会和他沟通的。但你知道他在那边的生活压力很大,工作也很忙。我会尽量劝他回国。"

张警官表示理解,"我们明白他的难处。但安全始终是第一位的。而且,国内现在也有很多政策支持海外华人回国。我们会尽力为他提供一些帮助和支持。"

"感谢领导!"罗晓晨的父亲诚恳地说,"谢谢你们的关心和爱护!"

"时间不早了,我们还有事,先走来。"随着民警站起身,向父亲敬了一个礼,转身离去。

父亲望着民警离去的背影,心里忐忑不安……

春季的农村夜幕,好像来得早了一些,风里带着寒意。父亲独自坐在房屋前大树下的石墩上,静静地抽着烟,一支接一支。

"老头子,春忙呢。"罗晓晨的母亲光着脚板收工回家,满身泥土,放下农具埋怨,"别人家的秧田已平整好了。"

"你懂什么?!"父亲有些生气,"警察到家来要求儿子回国,

我只是在柬干汽修工

可听说回来异常艰难，我在发愁呢！"

操劳一生的母亲不搭理，却用忙碌来掩盖自己对儿子在异国他乡的关心，走进了灶房准备晚饭。

父亲静静地抽着烟，一支接一支。

父亲担心儿子不能及时回国，担心被人家怀疑。父亲心想，如果是这样，无疑是对老罗家一种莫大的羞辱。那日后走在村里，总会觉得背后有无数双眼睛盯着自己，仿佛在无声地指责、嘲笑。他无法想象，这一切何时才能结束，自己何时才能在村里抬起头。

父亲知道，这片曾经宁静的乡村，会因老罗家被阴影笼罩。

在那个漆黑的夜晚里，父亲陷入了无奈与极度痛苦中。

此刻，山间的村舍沉浸在深邃的黑暗中，万籁俱寂，只有远处的山涧间偶尔传来潺潺的流水声，仿佛是大自然低沉的呼吸。

当晚，无助与无奈的父亲拨通了儿子罗晓晨的视频电话。

父亲神情严肃："晓晨啊，张警官下午到咱家了，让我劝你回国到派出所报备一下。这事之前村长也提过，这可是个重要的事，你可得好好考虑考虑。"

罗晓晨一脸无奈："爸，回国哪有那么容易啊，时间成本也高。而且，我还担心回国后不让我再出国打工了，我这好不容易在柬埔寨找到这么一份好工作，不想就这么没了。"

父亲皱起眉头："那路途花费也不小啊，来回折腾一趟得花不少钱吧。"

罗晓晨无奈地摇摇头："是啊，爸，万一在回国的路上与他人有交集感染了病毒怎么办？我可不想因为这个影响到自己和家人的健康，而且也不想给政府带去麻烦。"

父亲陷入沉思："那怎么办呀？派出所催得这么紧！"

罗晓晨眼中闪过一丝不舍："爸，这份工作真的很好，我不想就这么轻易地放弃。我在这边也已经适应了，要是回去了，重新找工作又得费一番功夫。"

父亲似乎在叹气："那你明天联系一下张警官吧，很急的，跟他说说情况，看有什么好办法解决这事？"

罗晓晨脸上充满关心："爸，我会的，国内很晚了，您早点休息吧！"

在这样寂静的夜晚，罗晓晨的家透露出一种淡淡的孤寂。

## 二

第二天上午，罗晓晨战战兢兢地与张警官展开了沟通。

罗晓晨："您好！张警官，打搅了。昨天你们到我家的事，我父亲跟我讲了。"

张警官："你在哪里？"

罗晓晨："柬埔寨。"

张警官："柬埔寨哪里？"

罗晓晨："西港。"

张警官："干什么工作？"

罗晓晨："一家汽修店做修理师傅。"

张警官："请尽快回国报备一下吧。"

罗晓晨："张警官，您知道我这边的情况吗？现在回国真的挺麻烦的。首先，我担心路上会感染病毒的问题。在柬埔寨这边要隔离十四天，期间两次检查就要花费近四百美元，回国机票价格又高。而且也担心回国之后，会不会不让我再出国打工，这对我的工作及经济影响太大了。"

张警官："我能理解你的难处。为了你的安全和管理的规范，还是希望你能尽量回国报备。"

罗晓晨："我真的很为难，您看能不能想想办法，让我不用回国也能报备呢？我实在是不想经历那些麻烦。"

经过进一步的沟通，张警官终于同意了罗晓晨的要求。"好吧，既然你这么坚持，那我们就试试看。不过，你需要提供一些详细的资料来证明你在柬埔寨的工作和生活状况。这样也许能缓解你的担心。"

罗晓晨："那太感谢您了！需要哪些资料呢？"

张警官："提供你公司的营业执照、法人身份证、务工合同、劳工证、护照签证；还要在公司门前拍张照和日常的一些工作与生活场景照；拿着身份证在柬埔寨政府机关前拍几张照、拍视频；购买当日的一份柬埔寨权威报纸，手持报纸和身份证于胸前一起拍照等。这些资料都很重要，可以帮助我们确认你的身份和现在的工作情况。"

罗晓晨："好的，张警官，我一定尽快把这些资料准备好给您发过去。谢谢您的理解和帮助。"

张警官："这些材料拍照或扫描后发给我，请务必保证每一份资料的真实性和够清晰。"

接到指示后，罗晓晨迅速行动起来。他首先整理了公司相关的文件，包括营业执照和法人身份证复印件，这些都由公司来提供。接着，他找出了自己的务工合同和柬埔寨劳工证，这些都是他在柬埔寨合法工作的凭证。护照签证页的照片也顺利拍摄完成。

随后，他在汽修门店，拍摄了几张有自己入镜头的照片。为了展示自己的工作场景，除了之前所拍的日常生活照片外，特意拍摄了一些自己在车间工作的照片。找公司当地员工帮忙购买了几份大报纸，在西港政警署门前，拍下了手持身份证的照片和视频。所有这些材料整理完毕后，他通过微信将这些文件和照片一一发送给了张警官。

罗晓晨："张警官，再一次打扰您。我已经按照您说的把资料都准备好了，您看看行不行。"

张警官："做得好，这些资料能很好地证明你的情况，我会帮你办理报备手续的。以后要继续保持沟通，事后不要一下断了联系！"

罗晓晨："不会的，太感谢您了，张警官。有你们的帮忙，我心里踏实多了。"

张警官："不用客气，这是我应该做的。你在柬埔寨要注意安全，有什么问题随时跟我联系。"

罗晓晨："好的，张警官，谢谢您的关心和帮助。我会好好的，也会配合派出所的工作。"

通过这次详细的报备过程，罗晓晨希望能减轻家乡派出所对自己的怀疑，同时也希望能够继续留在柬埔寨，维持现有的生活和工作状态。他深知，这一切努力都是为了让自己能够在异国他乡安心地继续打拼。

罗晓晨有些感叹："当信任成为奢侈，那人心就废了。派出所的同志真正是在为大家着想，是在为人民服务。"

夜幕低垂，西港的天空被深邃的蓝幕覆盖，闪烁着零星的光点。在这片异国的土地上，罗晓晨的生活节奏与家乡相比，有些不一样。自从他踏上了这片陌生的土地，似乎每一天都像是一场未知的喜悦。

在这个寂静的夜晚，罗晓晨坐在公司提供的公寓里，心中充满了对家乡的思念。然而，有一件事情他不得不做，那就是向远在老家的父亲汇报自己的情况。

"爸，您放心，我在这里干的是一份本分行业，挣的是一份辛苦钱。今天，我按照派出所张警官的要求，提供了出国务工人员的报备材料。他们已经确认了我的正当工作身份。"罗晓晨的字里行间充满了小心翼翼，他深知，远在千里之外的父亲，最担心的就是他在异国的安危和犯错。

他接着写道:"我在这个修理店已是一名小老板了,生活与工作虽然辛苦,但我能够坚持下去。我知道您一直担心我会不会适应,会不会遇到一些困难,但请您相信,您的儿子已经长大了,不再是那个需要您操心的孩子。"

父亲:"晓晨啊,你在外面不容易,要多注意安全。遇到什么困难,一定要及时告诉我,别一个人扛着。"

"我知道,爸,您也要保重身体,别太操劳了。"罗晓晨的眼眶微微发酸,但还是努力保持着平静,"等我这边工作稳定了,一定想办法回家看看你们的。"

"好,好!你在外头安心工作,家里有我和你妈呢。"父亲的声音中带着一丝欣慰,"你是个懂事的孩子,我们为你感到骄傲。"

罗晓晨放下手机,深深地吸了一口气。他想象着父亲看到这些文字时,眼神中流露出的欣慰和放心。他想要告诉父亲,尽管在异国他乡,但他一直在努力,一直在向前走。

在这片既陌生而又熟悉的土地上,罗晓晨犹如一棵生命力旺盛的小树,任凭风雨洗礼,阳光照耀,他都在不断壮大。他深知,在这条人生旅途上,无论遭遇何种困境与挑战,坚韧不拔地前行是他的唯一选择。这不仅是对个人梦想的追逐,更是对远方父母的承诺,对那个永远在他背后默默守候的家的一份责任。

夜幕低垂,四周的静谧与昏暗似乎与罗晓晨的心情格格不入。然而,他的内心却在这一刻找到了平静的港湾。他坚信,当黎明的曙光再次唤醒他时,他将怀揣着父母的期许和祝福,继续在这片充满可能性的土地上,一笔一画地绘制他自己的独特篇章。

## 三

几个月后的一个下午，罗晓晨正在修理一辆小车的发动机故障，此时，电话突然响起，来电显示为当地反诈中心的一位高姓警官。罗晓晨有些诧异，但不敢怠慢，随后接通电话。

高警官："罗晓晨吗？我是反诈中心高警官。"

罗晓晨："高警官好！我是。"

高警官："你目前在哪里？"

罗晓晨："在柬埔寨西港。"

高警官："做什么工作？"

罗晓晨："汽车修理。"

高警官："根据工作要求与安排，请你及时回国到我们的反诈中心进行报备！"

罗晓晨："高警官，我几个月前不是已经向派出所张警官报备过了吗？"

高警官："不行哈，还得你本人回来一趟。"

罗晓晨："为什么呀。"

高警官："别问那么多嘛，这是为你好！"

罗晓晨："回国航班很少，而且也得排队购买。"

高警官："你尽快吧。"

罗晓晨："那报备需要几天呀。"

高警官："最快七个工作日吧。这次是申请白名单，以便于你今后出国更方便。"

罗晓晨："我看看吧。谢谢您，高警官！"

高警官挂断了电话。整个下午，罗晓晨头脑里迷迷糊糊，工作心不在焉。

傍晚，罗晓晨静静地坐在公寓的窗边，眼前的城市景象如同一幅流动的画卷，每一辆车、每一个行人都是这画卷上的生动笔触。然而，他的心中却没有半分欣赏的闲情，脑海中反复回荡着警官的话语，他必须回国吗，到反诈中心报备？

他深知，此时此刻回国之路已变得异常的艰难。一旦踏上归途，既要应对路上交叉感染的威胁，又要面对高昂的回国成本。想到这些，他的心很沉重。

罗晓晨的内心充满了矛盾。一方面，他清楚自己的责任和义务，明白回国报备是作为一个公民应尽的责任。但另一方面，他对回国充满了忧虑。他担心会打乱他的工作和生活节奏。

罗晓晨深吸一口气，努力平复内心的纷乱。他将视线从窗外嘈杂的景象中抽离，轻柔地聚焦在桌上的护照上，内心充满了纠结与矛盾。他缓缓闭上双眼，再次深深地吸了一口气，随后慢慢呼出，仿佛在将所有的迟疑与不安一同随着呼吸消散于无形。

在虎年的一个冬日，罗晓晨毅然决然地踏上了归国的旅程。由于没有直达华中地区的航班，他精心规划了路线，选择先从广州白云国际机场出发，在D市稍作停留，再继续他的回家之旅。

在漫长旅途的每一个日夜里，罗晓晨的心情始终洋溢着期待与激动。随着他的脚步踏入久违的老家，完成了在反诈中心的报备程序，他内心深处的满足与安宁如同波澜不惊的湖水，静谧而深沉。

当他再次启程，朝着西港的方向前行时，已经是新的一年，初春的一月悄然到来。

## 四

罗晓晨对我讲述了他的过去……

蜿蜒曲折的山路尽头，湖北大别山南麓下的一个小山村，静静地依偎在翠绿的怀抱中。山村隐匿于层层叠叠的峦峰之间，仿佛是大自然呵护下的一颗明珠。村子里的房屋依山而建，错落有致。这些老屋大多用就地取材的石头和土坯砌成，墙面上长满了青苔，屋顶覆盖着厚厚的青瓦。竹林掩映下的罗晓晨老屋，瓦片间生长着几株野草，随风摇曳，显得古朴而宁静。屋檐下挂着串串红辣椒和金黄的玉米，散发着浓郁的乡土气息。

罗晓晨生长在这里。为了走出大山，他有一个梦想，希望自己在四十岁年之前，能开一家属于自己的汽车维修店。而这个奋斗的想法，还是他大姑对他从小的影响。

他的大姑在一家汽车厂做管理。记得小的时候，大姑经常带些汽车模型给他玩，渐渐地他对汽车产生了莫名的兴趣。

那年的高考，罗晓晨的分数线可以报读任何一家211高校。然而，他却瞒着父母选择去读一家职业技校。他立志要当一名汽车修理工人。

罗晓晨还记得当时的情景。那天，父亲早早地起床，走到他的房门前，父亲试图从门缝中窥见罗晓晨沉思的面容。

"儿子，你真的决定要读技校了吗？"父亲的声音低沉而有力，没有发怒，"你确定不是一时兴起？你知道有多少人想挤进211高校的大门吗？为了能进，好多人选择了去复读。"

罗晓晨在屋里，"爸，我真心喜欢汽车修理这一行，我从小就喜欢摆弄这些玩意,这是我的梦想。我想成为一名优秀的汽车修理工,甚至开一家自己的修理厂,如德国的塞法斯·班萨所追求的那样。"

父亲听不懂,沉默了一会儿。他深知罗晓晨的性格,知道他是一个有主见的孩子,既然做出了决定,就没有什么能够轻易改变。父亲深深地叹了一口气:"什么班呀萨的,这就是你大姑给害的。我们种地出身,一辈子面朝黄土背朝天,希望你能有个好出路呀!"

母亲似乎懂儿子,在一旁解围:"我看也好,现在技术工人也很吃香,不少大学生毕业后还找不到工作呢。儿子这条路,未尝不是一条好路。"

罗晓晨听后,眼中闪过一丝感动。"妈,您放心吧。我会好好学习,努力工作,争取早日成为一名优秀的汽车修理工人。同时,我也会时刻记住你们的教诲,不让家人担心。"

父亲听后,"我们只希望你将来不会后悔。"他知道,自己的儿子已经长大了,有了自己的梦想和理想追求。虽然心中难免有些失落和担忧,但他更愿意看到儿子勇敢地追求自己的生活,而不是被家庭的一些观念所束缚。

二〇一五年,罗晓晨从汽修专业毕业后,怀揣着对未来的憧憬,他想在省城找一份汽修工作,而且离家近,时常里可以照顾一下家里。然而,无实操经验的他处处碰壁。

在那段日子里,罗晓晨发现自己像是个局外人,求职仿若一场漫长的跋涉,每一步都显得沉重而孤独。每当面试结束,他都能感受到招聘者眼中那一闪而过的失望。那些目光仿佛在说:"我们不需要人,你不过是个只会理论的学生。"

夜深人静时,罗晓晨的心中会涌现出种种疑惑,就像波涛汹涌的海浪拍打着心的边缘。他开始怀疑自己当初的选择，是否真的如父亲所说，是一时冲动，一个错误的决定。他记得父亲那张布满皱纹的脸以及那严峻的眼神，仿佛在预示着自己前方的艰辛。

每当想到父亲，罗晓晨的心就像被针扎了一下。父亲的反对声还在耳边回荡，那些话语像冰冷的钉子，一颗颗钉进他的心里。他曾试图用年轻的热情和坚定的信念去反驳现实，但现实的残酷却一次次让他感到无力。

两个月的时间过去了，罗晓晨把所有的压抑都深藏在心底。他不愿意回家，不愿意让父母看到他现在的困境。

他害怕面对父母关切的目光，害怕听到那些安慰中透露出的担忧。他不想让他们知道自己过得并不好，不想让他们知道自己或许真的错了。

他开始学会用面具掩饰自己的不安，白天，他依然奔波于各大汽修店之间，试图找到一线希望。晚上，他则躲在出租屋的被窝里，让那些不为人知的泪水悄然流下。

在那段艰难的日子里，罗晓晨学会了成长，学会了独自面对心中的不安与迷茫。

罗晓晨开始思考，是否应该去南方城市试试看。他在坚持与放弃之间徘徊。但他知道，即使再难，也必须有所选择，因为梦想，自己没有一丁点儿的退路。

## 五

罗晓晨见识了现实生活的凌厉，却依然微笑向暖而行。

三个月后，罗晓晨南下广东，在 D 市一家欧洲品牌汽车销售服务 4S 店先找到了一份工作，他决定要像汽修工匠塞法斯·班萨那样，放下身段，从汽修行业的最低层做起，并在这个领域不断地攀登，有所建树，以不失自己最初的梦想。

罗晓晨对我讲，这家 4S 店老总因知道他的高考选择经历，很是看重他，希望他在两年时间内能胜任汽修的各类工种，并成为一名全能的优秀汽修工。

罗晓晨先是从洗车工做起，这份工作看似简单，却充满挑战。洗车不仅仅是一道道工序，更需要对每一辆车的细节了如指掌，确保每一块污渍都被彻底清除。

罗晓晨深知自己未来的职业目标，并没有因为洗车工的身份而轻视自己的工作。相反，他把每一次洗车都当作了解车辆构造的机会。每当顾客提出问题时，他总是耐心解答，逐渐积累了丰富的汽车实操经验。在日复一日的劳作中，他不仅锻炼了身体，也磨砺了意志。

在进阶做轮胎维修工这个岗位时，每天面对着各种型号的轮胎，罗晓晨不仅要学会识别不同品牌和规格的轮胎，还要掌握更换和修补的技术。这项工作看似平凡，却充满了技术含量。每一次更换轮胎，都需要确保轮胎与车辆完美契合；而修补轮胎则要求细致入微的操作技巧，以防止修补不牢导致的安全隐患。

在做轮胎维修工时间里，罗晓晨不断学习专业书籍和技术手册，并积极向有经验的师傅请教，学习他们的操作经验和技巧。每次遇到复杂的问题，他都会仔细记录下来，反复研究，直到完全掌握。正是这种勤奋好学刻苦的精神，让他在轮胎维修领域日渐操作娴熟，游刃有余。

完成轮胎维修任务后，罗晓晨转到了美容工的岗位。这份工作要求他不仅要懂得如何清洁车身，还需要掌握打蜡、抛光等一系列汽车美容技术。汽车美容不仅仅是简单的外表处理，更是一项需要细致入微、匠心独运的工作。每天，他都要仔细检查每一辆车的外观状况，针对不同的车型和材质，选择最合适的美容方案。

在这个过程中，罗晓晨深刻体会到汽车美容的精髓所在。无论是去除车身上的细微划痕，还是处理难以触及的角落，他都力求做到尽善尽美。他学会了使用各种专业的美容工具，如无尘布、抛光机等，掌握了不同材料的处理方法。通过不断实践和总结，他的技艺日益精进，能够熟练应对各种复杂的美容要求。

此外，罗晓晨还学会了与客户沟通的艺术。面对挑剔的客户，他总能耐心倾听他们的需求，给出合理的建议，确保每一次服务都能让客户满意。正是这种精益求精的态度，使他在美容工岗位上赢得了良好的口碑，也为他日后成为全面的汽车修理师奠定了基础。

从美容工岗位转到机修工后，罗晓晨迎来了职业生涯中的又一个重要转折点。作为一名机修工，他负责汽车发动机及其他机械部件的检修与维护。这项工作涉及的知识面非常广泛，包括发动机的拆卸与组装、故障诊断与排除等。

在实践中，罗晓晨学会了如何准确判断出车辆存在的问题。每当遇到疑难杂症，他会详细记录故障现象，查阅相关资料，甚至向资深技师请教，直至找到解决问题的最佳方法。如在一次发动机异响故障排查中,他通过多次试验,最终发现是由于气门间隙过大所致,经过调整后,故障顺利解决。

除了理论知识的加深学习外,罗晓晨还注重实际操作能力的提升。通过参与各种类型的维修项目,逐步积累了丰富的实践经验。他不仅能够独立完成常规的检修任务,还能应对一些较为复杂的机械故障。这种全方位的能力提升,使他在机修领域中逐渐脱颖而出,为后续的职业发展铺平了道路。

罗晓晨从机修工岗位转至机电工后,这项工作他面临的是更为复杂和精细的工作内容。作为机电工,他不仅要熟悉机械部分,还需要掌握电气系统的维修与调试。这要求他具备扎实的电工基础知识以及对汽车电子控制系统深入的理解。为了适应这一角色,罗晓晨开始了新一轮的学徒历程。

在日常工作中,师傅放手罗晓晨经常需要处理各种电气故障,如传感器失灵、电路短路等问题。这些故障往往隐藏在复杂的电路图中,需要极高的耐心和细心才能找到问题所在。

为此,罗晓晨利用业余时间研读了大量的中外电气维修手册,并积极参加公司组织的相关培训课程,以不断提升自己的技术水平。通过不断的实践和摸索,他逐渐掌握了多种电气故障的诊断与修复方法。

罗晓晨清楚地记得,从机电工转岗到钣金工已是第二个年头的春天了。他所面临的是一系列全新的挑战。

他的工作主要是修复事故车的车身结构,包括焊接、切割、整形等技术。这一领域的精细度要求极高,任何细微的误差都可能导致修复效果大打折扣。在钣金工岗位上,他每天都要面对各种形状各异的车身损伤,需要通过精准的测量和计算来制定修复方案。每次面对复杂的车身变形，他都会仔细分析损伤程度，选择最合适的修复方法。如，在一次修复一辆严重撞击后的轿车时，他首先进行了详细的测量和定位，然后通过精心的焊接和整形，成功恢复了车身原有的形态。整个过程不仅考验了他的技术能力，还锤炼了他的耐心和毅力。

为了提升自己的钣金修复水平，罗晓晨还经常与其他技师交流心得，共同探讨疑难问题的解决方案。通过不断的学习和实践，他的钣金修复技术日渐精湛，成为了团队中的骨干力量。这些宝贵的经验和技能，不仅为他日后的发展打下了坚实的基础，也让他更加自信地迎接未来的挑战。

从钣金工转至喷漆工岗位的罗晓晨心里明白，这项工作在汽修领域中不仅需要高超的技艺，还需要面对恶劣的工作环境和长时间的高强度劳动。虽然他在校时拿过省级职业技术大赛（汽车喷漆项目）一等奖，但在4S店的对待车主的现实中，这不仅是技术活，更是艺术活，它要求技师不仅具备高超的喷漆技巧，还需拥有敏锐的色彩感知能力和细致入微的审美观。

在日常工作中，罗晓晨需要根据不同车型的原厂色号进行精确调色，确保喷涂效果与原车颜色一致。为了达到这一目标，他反复练习调色技巧，熟悉各种油漆的特性和使用方法。在实际操作中，他严格按照喷漆流程，从底漆到面漆，每一步都力求完美无瑕。如，在一次修复一辆豪车的轻微刮痕时，他花费数小时精心调色，最终喷涂的效果几乎与原车无缝对接，连车主都难以察觉修复痕迹。

除了技术层面的提升，罗晓晨还注重培养自己的审美观。他经常观察自然界中的色彩变化，从中汲取艺术灵感，提升自己对色彩搭配的理解。通过不断实践和总结，他的喷漆技术愈发娴熟，成品不仅美观，而且耐用，得到了客户的高度评价。这段经历不仅丰富了他的职业技能，更让他在汽车修理领域实现了艺术与技术的完美融合。

老总这样评价罗晓晨：是他所遇到的难得的汽修"鬼才"。踏实肯干，各项工作任务放在他身上，让人放心，而且有惊喜！

与4S店老总约定的两年时间快到了。一天晚上，老总约请罗晓晨到东江河畔的一间大排档吃宵夜。他受宠若惊，按时赴约。

夏日的夜晚，东江水在城市的灯影中泛着碎金，闪烁着温柔的光芒。远处，大桥上车灯如流，交织成一道道流动的光带，与江水相互映衬，写意出一种别样的美感。

"今天就我们两人，咱们聊聊未来的发展。"老总似乎有些开诚布公，"你知道柬埔寨吗？"

"知道一点。"罗晓晨有些纳闷，"但不甚了解。"

"我认识一个客户，他在金边开了一家大型汽车修理厂。"老总此时说出了自己的心里话，"他出了高薪挖我。"

"好事呀，总经理。"但罗晓晨有些不解，"老板会放您走么？"

"在这里，打工就是打工，何况那边开出的工资是现在的四倍，而且还有技术股分红。"老总的话毫无保留，"那边老板为表示诚意，已经把半年工资提前打到我卡上了。"

罗晓晨此时听懂了弦外之音："老总，您对我有知遇之恩，您放心，您走到哪，我跟到哪！"

"你现在是技师二级，若做到高级技师还需时间和磨炼。"老总在为罗晓晨考量，"即使你到了高级技师，这里的工资顶多在一万多左右，这就是现实。"

"哦，就我目前的工资，除了日常生活和学习的开支，真的没剩下多少积蓄。"罗晓晨有些感叹,"这跟我的奋斗目标,差距太大。"

"在那边的老板的经营哲学独具一格,深知与员工共享成功的价值。"老总直言不讳,语气中透露着慷慨与诚意,"若你选择加入,我承诺将提供你当前薪酬三倍的工资,而你作为团队中的技术中坚,还将享受到业绩提成奖励。"

罗晓晨听闻此言,内心激动不已,连声表达谢意,"多谢老总!"他喜悦之情溢于言表,"您真是我的伯乐,遇到了您是我此生的荣幸!"

罗晓晨后来才得知,这一切的机遇都源于"一带一路"在柬埔寨的蓬勃展开,中国资本和企业的纷纷涌入,将金边等城市推向了发展的快车道。在这种背景下,汽车维保领域的华人数量激增,成为市场上的炙手可热之选。而正是这一波浪潮,迫切需要既精通技能又熟练掌握中文的汽修人才。

## 六

那个腊月的三十,罗晓晨回老家过了一个团圆年,二〇一八年春节后,他踏上了到柬埔寨的打拼之路。

由于柬埔寨高昂的汽车进口税费和没有强制报废政策,导致市场上很大一部分车辆都是二手车。一般情况下,华资老板都会购买豪华轿车,而给中籍的管理人员及货运人员配备二手车,因此二手车市场相当活跃。

罗晓晨所去的是一家4S店配套的大型汽车厂,位于金边桑园区,距离首都最豪华的别墅小区近七百米。汽车厂分贵宾豪华车保养、轿车保养、二手车维修、事故车维修、大货车保养与维修,以及二手车翻新与出售服务等六大工区。

罗晓晨作为二级技师备受4S店同仁们的尊敬,他凭借之前扎实的技术功底和经验,被老总委以重任,负责管理四个主要的汽修工区。这些工区涵盖了从二手车维修到事故车修复,再到大货车保养与维修以及二手车翻新与出售对接等一系列的工作任务。并兼顾贵宾豪华车保养、轿车保养的特殊问题处理。

罗晓晨在金边汽车厂两年的时间里,展现出了卓越的专业能力和坚韧的工作精神。

在二手车维修这一领域,罗晓晨展现出了非凡的能力。每当一辆二手车进入他的手中,他都会细致地检查车辆的每一个细节,无论是发动机的异响、变速器的故障,还是电路系统的问题,他都能精准地找出症结所在,无一不经过严格检测。通过精确的数据分析和经验判断,罗晓晨能够准确地找出潜在的问题,并制定出合理的维修方案。每一次维修都力求达到最佳效果，确保每一辆车都能恢复到最佳状态，重新焕发活力。

罗晓晨这种对工作的严谨态度和精益求精的精神，不仅赢得了客户的信任，也为门店树立了良好的口碑。

在事故车维修方面，罗晓晨同样表现出色。每当一辆事故车送到维修区，他会第一时间对车辆进行全面的检查，评估事故的严重程度和对车辆结构的影响。然后，他会制定详细的维修方案，合理安排维修工序，确保维修工作的高效进行。他的每一个动作都精准而有力，仿佛在雕刻一件艺术品。经过他的精心维修，许多看似无法修复的事故车都重新焕发出了生机，再次行驶在柬埔寨的道路上。

在大货车保养与维修方面，罗晓晨更是独当一面。作为运输行业的主力，大货车的稳定性和可靠性至关重要。因此，他对每辆货车都进行了严格的检查和维护，确保它们能够在恶劣的路况下正常运行。从日常的机油更换、滤清器清理，到复杂的发动机检修、变速箱调整，罗晓晨都会亲力亲为，一丝不苟。

罗晓晨的专业知识和丰富经验不仅提高了车辆的使用寿命，也极大地降低了故障率，为客户节省了大量的时间和成本。此外，他还定期组织培训课程，通过翻译分享自己的经验和技巧，帮助其他技术人员提升技能水平，共同保障车间的安全运营。

在二手车翻新与出售方面，罗晓晨同样展现出了过人的能力。

他深知二手车市场在当地竞争激烈，因此，对每一辆待售车辆都进行了全面的评估。从外观喷漆到内饰翻新，从机械部件的更换到电子系统的升级，每一个环节都力求做到完美无缺。

为了提高车辆的市场竞争力，罗晓晨还特别注重细节处理，比如更换磨损严重的座椅套，修复划痕和凹陷，甚至安装一些现代化的车载娱乐系统。

通过这些努力，原本老旧的二手车焕然一新，不仅吸引了众多买家的目光，也为4S店带来了可观的收益。同时，罗晓晨还积极与销售团队合作，提供专业的技术支持，确保每一辆车都能顺利成交。

罗晓晨在柬埔寨金边汽修店的两年工作经历，是他职业生涯中最宝贵的一段时光。他不仅在技术上取得了长足的进步，还在管理和团队协作方面积累了丰富的经验。

罗晓晨也希望能够培养更多的柬埔寨年轻技术人员，传承自己的经验和技能，共同推动柬埔寨汽车维修行业的发展。

在这两年的时间里，罗晓晨每天都在忙碌中度过。他清晨早早地到店，开始一天的工作，直到夜幕降临才结束。

罗晓晨没有节假日，没有周末，无论是炎热的旱季还是潮热的雨季，他都坚守在工作岗位上。他的辛勤付出得到了客户的认可和回报，也得到了管理层的高度评价。

然而，罗晓晨的工作展开并非一帆风顺。由于语言和文化的差异，他与当地同事的沟通中遇到了一些困难。有时候，一些当地客户的需求经翻译后不明确，或者同事的工作方式与他不同，这都需要他花费更多的时间和精力去理解和协调。

但是，罗晓晨并没有被这些困难所打败，而是积极地学习和适应，不断提高自己的沟通能力和团队协作能力。他相信，只要自己努力，就一定能够克服困难，取得更好的成绩。

除了工作上的困难，罗晓晨还面临着生活上的挑战。柬埔寨金边的生活环境与他的家乡有着很大的差异，他需要适应新的气候、饮食和生活习惯。有时候,他会感到孤独和思乡,但是他从来没有放弃过。

罗晓晨知道,自己选择了这份工作,就必须要承担起相应的责任和压力。他用坚强的意志和乐观的心态去面对生活中的一切,不断调整自己的状态,让自己更好地投入到工作中去,以实现自己的初心。

这期间,公司被当地政府评为"定点服务诚信单位"。同时,公司的汽修业务也发展迅速。

一天下午,老总请罗晓晨到金边一家最奢华的私人订制餐厅吃饭。

"真是难得,我们在这里打拼又是两年。"老总发出感慨,"这餐饭还是我们两人,咱们谈谈公司的规划与你的发展。"

"是呀,时间过得真快。"罗晓晨也感触到,"这两年在金边汽修厂的工作,我真的学到了很多,也付出了很多努力。谢谢老总对我的栽培与信任。"

"这两年,你在工作中的表现大家都看在眼里。"老总微笑着,眼中充满赞许,"你对技术的钻研和对工作的认真态度,是公司及我们在外奋斗非常需要的。"

罗晓晨微微低下头,有些不好意思:"其实这都是我应该做的,能得到您的认可,我很开心。"

老总起身走到罗晓晨身边,拍了拍他的肩膀:"别谦虚啦,你的能力大家都有目共睹。现在我们公司在暹粒和西港开了两家分店,我请示了老板,打算让你以百分之十的技术入股,去管理西港汽修门店。"

"真的吗?老总,我太感激了!"罗晓晨猛地抬起头,眼中满是惊喜,"这是对我极大的信任和鼓励。"

老总看着罗晓晨,眼中闪烁着期待:"当然是真的,我们看中的就是你的技术和能力。西港门店那边需要一个有经验、有责任心的人去统领,我们觉得你很合适。"

"老总,您放心,我一定不会辜负公司的重托。"罗晓晨深吸一口气,眼中闪过一丝坚定,"我会努力把西港门店的工作做好,让它成为我们公司的又一亮点。"

"很好,我相信你有这个能力。"老总点点头,"不过,分管门店可不是一件容易的事情,你要独当一面,要有心理准备。"

罗晓晨:"有老总的支持与公司的关心。我会不断提升自己的管理能力和技术水平,并与团队一起努力。"

老总赞许地看着罗晓晨:"嗯,你要记住,团队的力量是无穷的,要充分发挥大家的积极性和创造力。"

罗晓晨点了点头:"我会的,老总。我会和团队成员们密切合作,共同制定合理的工作计划和目标,并且定期进行评估和调整。"

老总微笑着鼓励道:"很好,那你说说你打算怎么去开展工作呢?"

罗晓晨思索了片刻:"首先,我会加强对门店员工的技术培训。我们要不断提升员工的技术水平,才能为客户提供更优的服务。"

老总点头表示赞同:"技术培训很重要,只有员工的技术过硬,我们才能在市场上立足。"

"其次,我会注重客户服务。"罗晓晨继续说道,"客户是我们的上帝,我们要让客户感受到我们的诚信和专业。我会建立客户反馈机制,及时了解客户的需求和意见,并且采取相应的措施加以改进。"

老总微笑着:"客户服务确实很关键,只有让客户满意,我们才能赢得更多的业务。"

"最后,我会加强门店的管理。我会制定严格的管理制度,规范员工的行为和工作流程。"罗晓晨眼中闪烁着光芒,"同时,我也会注重团队建设,营造良好的工作氛围,让员工们能够在快乐中工作。"

"你的思路很清晰,计划也很周密。我相信你一定能够把西港门店管理好。"老总满意地看着罗晓晨,"不过,在实施过程中可能会遇到一些困难和挑战,你要做好心理准备。"

罗晓晨坚定地:"老总,我不怕困难和挑战。我会勇往直前,不断克服困难,确保门店的工作顺利进行。"

"好,有你这样的态度,我就放心了。"老总拍了拍罗晓晨的肩膀,"如果你在工作中遇到什么问题,可以随时找我,我们一起商量解决。"

罗晓晨感激地看着老总:"谢谢您,老总。我会努力的,我想一定不会让您失望的。"

"这是你应得的。"老总微笑着鼓励道,"相信自己,你一定能够取得成功。那你,今晚收拾好行李,明天一早去踏上你自己新的征程吧!但你请记住,你不是一个人在战斗,我们永远是你坚实的后盾!"

罗晓晨心中充满着感动与兴奋:"好的,老总,我一定会加油的!"

回到宿舍的罗晓晨,他回想起自己这几年来的生存轨迹,他躺在床上,辗转反侧,无法入眠。

夜深了,宿舍的灯光柔和地洒在他的床头,他的心却像是被潮水拍打过的沙滩，难以平静过往的经历：

在中部城市里，初找工作感觉自己时运不佳，像是被遗忘在岁月角落的一颗种子，挣扎着寻找属于自己的土壤。那些日子里，他在人潮中穿梭，体会着生存的艰辛与无情。那些狭窄的巷弄，那些逼仄的出租屋，见证了他在失望与希望之间反复摇摆的身影。

在D市，他遇到了慧眼识珠的老总，如同一束温暖的阳光穿透乌云，照亮了他的人生航程。他开始明白，生活并非只有冰冷的高墙，还有那些愿意为你开启的一扇门窗。

在异国他乡的土地上，老总不仅是他的上司，更是他的职业导师和生活挚友。大家相互扶持，共同面对工作中的困难和挑战。他与老总如师如友的关系，成为他在这片陌生世界中最为坚实的依靠。

他，感激老总那份珍贵的知遇之恩。

而在自己接下来的征程中，他深知自己肩负着责任和使命。

他暗暗发誓，不能失败，只能成功，以回报公司与老总的这份信任与厚爱。

# 七

我走访罗晓晨，是在二〇二二年的年尾。此时的他已是金边汽修公司西港门店的一名小股东及店总。

"罗店，港口货运公司老总指定要见你。"一位客服经理走进办公室，"他说，定点维保协议一些关键细节要与您协商。"

"他人在哪里？"

"贵宾接待室。"客服经理接着解释，"给他准备了好茶与进口水果。"

"好，我马上过去！"罗晓晨进一步交代，"你叫上高律师，并交代他，我们在商谈时，他只管按原话翻译，但无须发表自己意见。"

"好呢，罗店！"客服经理忙而不乱地走出了办公室。

据罗晓晨讲，公司总部为了便于服务好各国的客户，聘请了一位既懂法务，又会中、柬、英三种语言的华裔律师，以规避和防范各类法律纠纷。这阶段，他正在我店指导工作。

"你知道我上次回国报备，损失有多大吗？"罗晓晨看着我，"一辆二手八成新的豪车，在金港高速出了交通事故，车主点名要我亲自维修。这就是诈骗犯惹的祸，害得我们这些做正当工作的人一起倒霉。我只是一名在柬从事汽修的劳工。"

"损失有多大？"但我也犯嘀咕，心想，店里其他人不能修理吗？

"光这一单，就有五万多美元。"罗晓晨似乎看出了我的疑惑，"其实，我的维修师傅技能与当地相比是最好的，且门店有诚信。

但人家是冲着我名声来的,为的是要一个面子,特别是中国老乡!"

此时,我有些感叹,在柬埔寨正当打拼的务工人,他们极其痛恨世上的诈骗分子。

"你看,我正在作最大的努力,之前还与出租车、贸易公司等单位签订了维保合作,以此来弥补经济损失。"罗晓晨很是坚定,"不然,实现不了年度业绩目标,没法向总公司及老总交代呀!"

"那你一定辛苦。"我带着关心,"工作没日没夜的。"

"是呀,在外打工嘛。"他带着自豪感,"西港门店,不仅是我事业的起点,更是我实现梦想的重要舞台,哪敢休呀!"

"这样的高强度,你受得了么!"我有些疑问,"身体会不会垮掉?!"

"年轻嘛。"他有点自嘲,"劳动就是革命的本钱,习惯了。"

"那你的动力和决心是什么呢?"我好奇地问道。

"是责任。"罗晓晨认真地说:"我有责任完成公司给我的任务,有责任为西港门店争取更多的业绩。更重要的是,我有责任为自己打拼一个更加有前途的未来。"

罗晓晨的话让我感到很受鼓舞。他用自己的行动诠释了什么是拼搏、什么是责任。他的这种精神不仅是对自己的一种要求,更是对生活的一种执着态度。

"不过,除了工作之外,你还有其他的兴趣爱好吗?"我试图转移话题,让对话更加轻松一些。

"当然有。"罗晓晨微笑着说,"我喜欢打网球、听音乐、看汽修与经管之类的书籍。这些爱好可以让我放松身心,保持好心情。"

"那你平时是怎么平衡工作和爱好的呢?"我继续问道。

"其实,我觉得这并不难。"罗晓晨微笑着说:"我会合理安排时间，让自己有足够的休息和娱乐时间。这样不仅可以提高工作效率，还能让自己更加充实和快乐。"

"那你怎么平衡工作和亲情的呢？"我有些好奇，"比如，你老家的父母等。"

"努力工作，实现我最初的梦想。"罗晓晨似乎有些愧疚，"平日里通电话，父母也是这样嘱咐的。"

"是什么样的梦想？"

"在我四十岁前，到老家开一家属于自己的汽修店。"罗晓晨脸上有自豪感，"让父母的日子能过得好一些，算是一种弥补吧！"

"开店？如今你有这个能力么，我是说经济上。"

"快了。"罗晓晨沉思了一片刻，"我粗略地算了一下，再奋斗几个月，就差不多了。"

"先恭喜你！"我带着祝福的心情，"看来，你的梦想能提前实现了，在柬埔寨努力打拼，辛苦终究没有白费！"

罗晓晨的话语很朴实。他不仅是一个事业心强的人，还是一个懂得生活、懂得平衡的人。

罗晓晨的这种态度让我明白：只有把工作和生活都过得充实和快乐，才能真正地实现人生的价值。

时间悄无声息，却一直默默丈量罗晓晨的每一步努力。

"暴风雨"[1]过后的西港，一个新时代的浪潮，正在迸发前所未有的新生机。

罗晓晨，这位年轻而富有闯劲的创业者，正以他的智慧与汗水，

---

[1] 暴风雨，指8.18禁赌令后，政府对非法赌博和诈骗行为所进行的一系列持续的严打行动。

在异国他乡书写着属于他的故事。

　　我想，时间不能改变的，是自己原本就坚定的东西。

# 嘟嘟快跑

## 一

陈善明把车停在西港一家酒店的门前,"先生,的士费八美元。"

"多少?!"后排一位文身平头的男子,"你绕路了,知道吗!"

"表上为十元。"陈善明解释道,"我已少收了,先生。"

"不给你,能怎样咋的!"突然,文身平头男俯身好似用枪顶着陈善明的右背肩,"你耽误事了,你他妈的,找死!"

"先生,你怎么骂人呢。"陈善明先是一愣,缓过神来后说道,"我公司的老板是西港宪兵司令的弟弟。"

"你吓唬谁呀!"后排另一位文身高个儿男向陈善明凶言道,"我们是被吓大的?!"

"先生,咱们有话好好说。"陈善明看情况不太妙,"都是老乡,都是在外求生活,干啥呢。"

"三儿,算了,把家伙收起来!"副驾的白胖男话里带着威严,随后丢下一张十元美币,"不用找了。"

文身平头男下车后，朝前轮狠狠踢了一脚，陈善明感到车在晃动，他不敢下车理论。

三人随后径直走进了酒店。

这是我二〇二二年走访陈善明时，他告诉我所遭遇到的经历。他说，二〇一八年他刚到西港时，由于不熟悉道路，绕了点儿路，所发生的一件最为凶险的事。

"你的老板，真的是西港宪兵司令的弟弟？"我带着疑问。

"哪能呀，危情之下，就随口这么一说。"陈善明淡然一笑，"也为自己壮壮胆吧。现在回想起来，还真有些后怕。"

"西港有这么乱吗！"我想在这位老柬漂的身上了解一下治安状况，"还有人敢私持枪支？还敢掏枪对人？"

"像这类情况，是极为个别的。"陈善明有些鄙视与愤怒的表情，"都是些愣头青，在外混社会拿组装枪为自己壮胆！你现在看，政府管理这么严，而且西港的街道上到处都是天眼，那容得了那些不法分子狂妄、撒野！"

我问起他的人生经历，陈善明用"痛苦且快乐着"来为自己诠释。

陈善明讲，他来自太行山以南的农村，作为第一代进城务工者，一九九六年南下F市。他说，虽然自己没什么文化，但只要勤劳也能养家过日子，什么样的工作他都愿意去尝试。期间，先后干过工地小工、进过工厂、做过送水工、也干过出租车司机。

"你知道吗？我离过婚。"陈善明有些伤感的表情直言，"现在的妻子，是我在工厂打工时认识的。"

"为什么呢？"我想问些明白，"离婚可是一件既伤感又痛苦的事。"

"在外打工嘛，为了生活，两人长期分离。"陈善明的眼里表露出一丝心酸，"前妻不理解，她不想受这份活罪，就离了。"

是呀，打工人的生活，如同一场无声的戏剧，台上的欢笑背后，是台下的辛酸与无奈。这一代打工人的每一份艰辛，只为那生活的碎银几两。异乡的灯火，或许照不亮心中的迷茫。打工人的酸楚，时刻只能往肚里埋葬。

"你现在的家庭还幸福吧。"看到陈善明有些悲伤，我立马转移话题，"儿女在读书吧。"

"蛮好的，二〇一三年在老家市里以十年期按揭了一套商品房。"陈善明露出了一丝笑容，"由于在外颠簸，我们家只有一个儿子，目前在读研。"

"真替你们感到高兴。"我试图理解他的生活状态，"按揭房子，压力一定不小吧？"

"是啊，每个月要还房贷，还得供儿子读书，日子过得有些潦草。"陈善明的笑容里带着一丝苦涩，但他的眼中却充满了坚定，"为了家能过得好点儿，我快六十岁的人了，还在异国他乡讨生活。但我认为，再苦再累都是值得的，这是生活的底色。"

我沉默了一会儿，思考着第一代的忍辱负重打工者，他们离乡背井，居无定所，东奔西走，不仅为城市的发展挥洒着汗水，也用自己辛勤的双手支撑起一个家。他们是平凡而又伟大的。

"你儿子本科学是什么专业？"我想了解更多关于他的家庭。

"计算机科学与技术。"陈善明的脸上露出了骄傲，"但他说是二本，很难找到一份像样的工作，所以在读研呢。"

"那是个不错的选择。"我回应道，心想这个时代的孩子们有着更多的选择和机会，"祝他顺利毕业。"

"是啊,我也希望他能够有出息,不像我这样没文化,一辈子只有操劳的命。"陈善明的眼神里充满了期待。

在我的眼里,人生就是一场不知疲倦的奔忙,因为那美好生活的烟火。

在陈善明的眼里,虽然经历过无数磨难,依然闪烁着对未来生活的无尽渴望,并用他的双手,承载起一个家庭最温暖的梦想。

## 二

陈善明是经老乡介绍，于二〇一七年到柬埔寨一家柬中合资出租车公司开出租车的。

他说，他要特别感谢他的那位老乡。

陈善明在柬埔寨没日没夜务工这几年，让家里过上了宽裕些的生活。

据柬埔寨中国商会一位工作人员介绍：西港是柬埔寨境内中国人最为密集的地方之一。从二〇一五年开始，越来越多的中国人来到西港投资与打拼，二〇一七年年中进入到"井喷"阶段，据不完全统计，当年有十二万中国人。而到了二〇一八年，达到了二十万人的惊人数据。中国人在这里有自己的专属"闭环经济圈"。

陈善明所开的出租车，也是这个圈中最关键的一环，中国人在柬埔寨出行，爱坐中国人所开的车。

"为什么会有这么多中国人选择您的车呢？"我好奇地问道。

"语言相同是原因之一吧。但更重要的是，我对乘客都很热情，也相对熟悉当地的路况，还能帮中国旅客解决一些实际问题。最重要的是，我保证价格透明合理，不会乱收费，不宰客、不拒载。所以，很多人觉得乘坐我的车既方便又安心，而且回头客预定很多。"陈善明还带着调侃，"由于我这台出租车运行久了，有些乘客比作像是在坐嘟嘟车。"

"这里中国人这么多，你一定很忙吧？"

"为了多挣钱，我向公司申请了十二小时工作制。"陈善明回答道。

"像你这样,公司不是违规劳动法了吗?"

"柬埔寨有《劳工法》,但我是为了多一些收入。"陈善明补充道,"但公司跟我交代过了,只要我不提出,上面劳工部门是不会主动管的。"

"那你每天都要工作这么长时间,身体吃得消吗?"我关切地问。

"还好,习惯了就好。"陈善明淡淡一笑,"虽然年纪大了点,但在外不容易,我还是想多赚点钱,尽量来改善家庭的生活。"

"你每天都工作十多个小时,是不是觉得很辛苦?"我继续追问。

"有时候确实会觉得累。"陈善明的目光变得柔和起来,"但一想到家人,就又有动力了。"

"你是怎么做到每天坚持这么长时间工作的?"我感到有些惊讶。

"其实也没有什么秘诀,就是靠自己的毅力和决心吧。"陈善明的话语中透露出一股坚韧不拔的精神,"我知道自己年龄大了,但是现在的生活压力很大,所以,我必须更加努力,而且机会也难得。"

"这么多年在国外打拼,对这里的生活还习惯吗?"

"刚来的时候确实有很多不习惯的地方,比如语言不通、饮食不同等等。但随着时间推移,我现在基本上能应付自如了。"陈善明点了点头,"这里的天气比国内热多了,但我学会了如何防暑降温;食物嘛,也渐渐尝试了一些当地的特色菜,还是挺喜欢的。当然,最让我感到欣慰的是,我在这里结识了很多朋友,无论是中国的还是当地的,大家互相帮助,生活也就不那么难熬了。"

我想，在异国的土地上，陈善明在这个小小的出租车里，以他的真诚与善良温暖了每一位同胞的心。他不仅是他们的司机，更像是他们的朋友和守护者。

## 三

但是，陈善明在异国的生活并非全是温暖与顺遂。

西港，在这座发展中的城市里，人口的流动性成为了最显著的现象。他们带着对美好生活的向往，在这里拼搏、扎根。他们活跃在建筑工地、工厂车间、服务业等行业，为城市的建设贡献着力量。与此同时，在夜景的背后，却隐藏着一些"苍蝇"不时在飞舞。

二〇一九年的一天深夜，西港依然灯火通明中。陈善明拉了个客人到金边的长途，收班晚了些。作为一名在柬埔寨西港工作的中国司机，他已经习惯了深夜的工作节奏。然而，此时的他，内心似乎有一种隐隐约约的不安。

当出租车行驶到西港双狮广场时，四个年轻小伙突然招停了车。陈善明下意识地踩下刹车，看着这莫名其妙戴着口罩的四人上车，心中涌起一丝莫名的警惕。但他作为一名职业出租车司机，却不能随便拒载。

副驾驶座上的长发男子用生硬的普通话说："到渔人码头。"陈善明应了一声，便继续启动车子向前行驶。

然而，当车接近渔人码头时，那长发男子却突然说道："到斯马代村。"

此时，陈善明心里开始有些担心了。他暗自思忖着，这几个年轻人怎么会突然要去那么偏僻的地方呢？但他也只是在心里嘀咕了几句，并没有表现出过多的异样，毕竟作为一名出租车司机，他每天都会遇到各种各样的乘客，不能因为一点小异常就心生疑虑。

一路上，气氛压抑得让人喘不过气来。后排的三名乘客一言不发，仿佛是一对默契的同伙。而那名坐在副驾驶座上的长发青年则不时打量着陈善明，眼神中透露出一丝不易察觉的凶光。陈善明试图通过后视镜观察后排，却只捕捉到几缕月光透过树影洒在他们脸上，映照出一片阴霾。

车子继续前行，在经过一段较为偏僻的道路后，长发男子喊了一声停车，陈善明毫不犹豫地踩下了刹车。

然而，就在陈善明准备询问对方为何在此停车时，那长发男子突然吐出了"抢劫"两个字。

陈善明的心头猛地一紧，还没等他反应过来，后面一男子便用手勒住了他的脖子，那股力量让他几乎无法呼吸，同时，另一只手则用明亮亮的匕首在他眼前晃动，仿佛在警告他不要轻举妄动。

此时的陈善明，心中明白，他一旦反抗，就会有生命的危险。那几个抢匪在车内处开始翻找钱物，动作熟练而迅速，仿佛他们是这方面的老手。

长发青年粗暴地搜遍了陈善明的全身，然后，将抢到的近六百美元现金塞进自己的腰包，与其他同伙一起消失在了夜色之中。

陈善明被抢劫后，他因为语言不通，不想报警。他担心自己报警后，抢匪会对他进行更加残忍的报复，也害怕因为报警而耽误了明天的工作。他只能默默地忍受着这一切，看着那几个劫匪消失在黑暗中。

陈善明瘫倒在座椅上，大口地呼吸着空气，心脏狂跳不止。

陈善明知道，在这个陌生的国度，因语言不通，自己说不清事情的原委，即使报了警也无法有效的解决问题。而且，第二天他还要上班，他不能因为这次的不幸遭遇影响后续的工作。

回到宿舍，陈善明陷入了深深的沉思。他对这突如其来的噩梦般的经历感到恐惧,同时也对自己的安全问题产生了极大的担忧。

如果下次再遇到这样的情况,他又该如何应对?是反抗还是保持冷静?这些问题像幽灵一样在他的脑海中盘旋,久久不肯散去。

"你感觉是些什么人干的?"我对这些劫匪发出愤怒,"胆子如此之大!"

"都戴着口罩,无法分辨。"陈善明分析道,"依其说蹩脚的汉语来判断,可能是安南人。"

"他们也敢猖狂!"我有些不解地问。

"一定是几个毫无人生志向的人流窜作案。"陈善明带着一份慈悲,"无论哪国人,在走投无路时,一样爱走极端。"

"那应该是讨要吧。"我心里还在不平静,"不应该是抢吧!"

陈善明跟我讲,这件事发生以后,他学会了更加警惕和小心,每次载客都会多加留意,不再掉以轻心。之后的几年里,像这类抢劫之事再没有在他身上出现过。

"那,你们的同事呢?"我想了解西港更多的治安情况,"比如,是否遇到过抢劫之类的事?"

"到目前为止,还没听说过再有此事发生。"陈善明有些肯定的语气,"公司也随时在加强突发事件的教育与防备方面的培训。"

虽然那次事件给陈善明留下了深刻的心理阴影,但他并没有因此放弃自己的生活和工作。相反,它成为了他行车道路上的一次历练,促使他在外变得更加坚强和谨慎。

第二天,清晨九点的西港机场,空气里弥漫着淡淡的海腥味,每一个角落都充满了生机和活力。而出租车候车区,呈现出一幅繁忙而有序的景象。

陈善明的出租车因有客人预定,正在航站楼一侧候客。一辆略显陈旧的丰田出租车，被热带的阳光晒得有些褪色，但洗得很干净，轮胎上的泥土被仔细擦去，露出原有的橡胶光泽。一束束光线透过玻璃，映照在车内陈善明的脸上。

陈善明心里明白，自己不要为昨天叹息，也不要为明天烦恼，他相信自己今天更能过得美好！

他又开启了新的一天行车之路。

## 四

陈善明在西港编织着一家人的未来。

二〇二〇年的一天深夜里,陈善明洗澡后准备睡觉,此时,他的手机屏亮起,一看是儿子陈浩发来的信息。

陈浩:"爸,我……考研没过。"

父亲:"孩,别太自责了。我知道你已经很努力了。"

陈浩:"我知道,但我真的不想再考了。这次失败让我觉得前途渺茫。"

父亲:"人生就像开车,有时候会遇到堵车,有时候会走错路。重要的是我们要学会调整方向,重新出发。"

陈浩:"可是爸,我真的不知道该往哪里走了。"

父亲:"别急,你先冷静下来,咱们一起想想办法。你有没有想过接下来要做什么呢?"

陈浩:"我准备申请新加坡或泰国读研,因为这些学校是申请制,讲究宽进严出。但新加坡读研的费用太贵了,我想到了你赚钱不容易,所以想到泰国去读研。"

父亲:"没事的,咱家砸锅卖铁也支持你。听说泰国有优质的西式教育资源和友好的生活环境。你有了解过泰国的学校和专业吗?"

陈浩:"我了解了一些,但还是不太清楚具体的情况,怕自己做出错误的选择。"

父亲:"没关系,你可以多去咨询一些有过经验的人,比如已经在泰国读研的学长、学姐,或者向学校的老师请教。他们会给你一些很有用的建议的。"

陈浩："好的，爸，我会去咨询的。那你在柬埔寨那边还好吗？开出租车辛苦不？"

父亲："还行啦，就是每天挺忙的。你别担心我，你自己的事情才是最重要的。"

陈浩："爸，我知道了。我会好好努力的，争取早日实现自己的目标。"

父亲："嗯，爸爸相信你。你要记得，无论遇到什么困难，都要坚强面对，不要轻易放弃。"

陈浩："爸，我记住了。你也要注意安全啊，你也别太劳累了。"

父亲："放心吧，我会照顾好自己的。你就安心准备读研的事情吧。"

过了几天，陈善明收到了儿子的来信：

陈浩："爸，我咨询了一些学长学姐，他们说泰国的DPU[1]很不错，专业也很适合我，而且学费相对新加坡的学校便宜一些。"

父亲："嗯，这是个好消息呢。你觉得自己适合去吗？"

陈浩："我觉得挺适合的，而且那里的环境也很优美，很适合学习。"

父亲："那你就好好准备申请吧，爸爸会尽全力支持你的。"

陈浩："爸，谢谢你。我一定会努力的，不会让你失望的。"

然而，在申请的过程中，陈浩遇到了一些困难，比如雅思的成绩不够理想，申请材料的准备也让他感到很头疼。

---

[1] DPU，泰国 Dhurakij Pundit University，简称 DPU。

陈浩:"爸,我现在遇到了一些麻烦,申请材料也准备得不太顺利。"

父亲:"别着急,孩,这些都是正常的,申请过程中难免会遇到一些问题。你要冷静下来,想办法解决它们。"

陈浩:"可是我真的很担心自己不能顺利申请到泰国的学校。"

父亲:"别担心,孩子,你已经很努力了,一定会成功的。你可以多花点时间复习语言,提高自己的成绩。申请材料方面,你要仔细检查,确保没有遗漏和错误。"

陈浩:"爸,我知道了,我会努力的。"

父亲:"如果你觉得自己处理起来有困难,找一些专业的机构帮忙也是可以的。但是要选择正规的机构,不要被一些骗子机构骗了。"

陈浩:"好的,爸,我会注意的。我一定会克服这些困难的。"

经过一段时间的努力,陈浩终于顺利地提交了申请材料,并等待着学校的回复。在等待的过程中,他的心情既紧张又期待。

陈浩:"爸,我申请的学校还没有回复,我好着急啊。"

父亲:"别着急,浩儿,申请结果需要时间,你要耐心等待。这段时间你可以继续学习,提高自己的能力。"

陈浩:"爸,我知道了。我会调整好自己的心态,等待学校的消息。"

二个月后,陈善明收到了儿子陈浩的喜讯。

陈浩:"爸,我收到 DPU 的 Offer 了!"

父亲:"恭喜你,爸爸很欣慰。"

陈浩:"爸,谢谢你一直以来的支持和鼓励。"

父亲:"别这么说,这是你自己努力的结果。你要继续保持努力,在泰国曼谷好好学习，将来成为一个有出息的人。"

陈浩："我会的。我一定会好好把握这个机会，好好学习，不辜负你的期望。"

父亲："你要及早办理签证等事项，听说签证很需要时间的。"

陈浩："学校有办证指引，我明天就进行准备。"

父亲："你最好多了解下当地的风俗习惯，这样到了那边也能更快适应。"

陈浩："好的，我会注意的。"

父亲："时间不早了，你早点休息，我明天还要上班呢。"

陈浩："好的，晚安！爸，您保重身体！"

陈善明深知儿子为了实现梦想所付出的努力，也明白儿子接下来所要面临的学业和跨文化生活的挑战。

陈善明知道，这将是儿子陈浩在异国他乡的第一次独立生活。他将面对陌生的语言、文化和习俗，这些都将是他从未经历过的全新挑战。

然而，陈善明并没有表现出过分的担忧，因为他仿佛看到了自己年轻时的影子，陈浩也能像自己一样，有足够的勇气和智慧，去迎接那些挑战。

## 五

陈浩读研需要很多钱，本想早些回家的陈善明还得在西港继续干出租。

当现实的压力悬在头顶，逼迫陈善明无法有片刻喘息。

尽管他老了，有些干不动了，有早点回国生活的念头，但他依然坚定地站在异国的街头，紧握方向盘，丈量着西港的每一条街道，为家庭撑起一片天空。

晨曦初露，陈善明便发动了出租车，开始了新一天的工作。引擎的声音在寂静的街头回响，如同他内心的坚韧，不会被任何困难所击垮。

陈浩的读研之路虽然坎坷，但陈善明从未在他面前流露出丝毫的失望。他知道，失败只是暂时的，而坚持则是通往成功的必经之路。

陈善明驾驶着出租车穿梭在西港的大街小巷，每一段路程都见证了他对家庭的责任和爱。每一个转角，都仿佛在告诉他：只要不停下脚步，就有希望在前方等待。他的手沉稳地握在方向盘上，就像他的人生一样，虽然经历了风雨，但依然坚定而从容。

夜幕降临，陈善明结束了一天的劳作，但他的心仍在为未来打算。他想象着陈浩毕业以后能实现自己的梦想，并分担家庭生活的压力。他知道，此时的自己可能是家庭最坚实的后盾，即使自己已不再年轻。

二〇二二年六月，柬埔寨第五届乡分区理事会选举如期进行，作为中国司机的陈善明拉着当地选民的同事，他自告奋勇参与了公司组织的巡街宣传造势活动。"虽然我是中国人，但他愿意为当地的同事们开车服务，很开心。"陈善明自豪地说道。

在这个既陌生又亲切的城市里，陈善明用自己的汗水和努力，编织着一家人的未来。

陈善明的故事，就像西港的夜色一样，深沉而广阔，闪耀着不灭的希望之光。

在与陈善明的交流中，我被他的坚韧和责任感深深打动。在这个小小的出租车里，承载着一个普通中国人的梦想和担当。无论是面对家庭的负担还是异乡的环境，他都用自己的勤劳和智慧去克服。

我想，陈善明师傅，一位年长的中国人在异国的奋斗经历，他的故事不仅仅是个人的人生旅程，也是中柬两国人民友好往来的一个小小缩影。

# 一诺千金

## 一

苏梓豪觉得生活看似容易，却时常让他身不由己。

湖南雪峰山南麓的一个小村落，绿水青山间依偎着的古老苗家木楼，仿佛是从远古的岁月中走来。一条清澈见底的小溪流从村子前川流而过，一座古老的石拱桥倒映在潺潺的流水中。晨曦微露，乳白色的雾气缓缓地从山间升起，弥漫在这片丰饶的土地上，如同轻纱般笼罩着苗寨的每一个角落。路旁，古老的梨树和板栗树错落有致，枝头挂满了晶莹的露珠，阳光穿透晨雾，洒在露珠上，折射出七彩的光芒。

在这片似乎被时间遗忘的土地上，每一处细节都充满了生活的温度和历史的厚重，让人不由自主地沉浸在这份宁静与美好之中。

苏梓豪熟悉这里的每一处细节，他就生活在这里。

一大早，苏梓豪就在准备儿子的周岁宴，家里请了亲戚和朋友都来吃喜酒。

妻子抱着儿子，心里有些着急地来回在村口徘徊、张望，她在盼望自己父母的到来。

十月的山里，秋意比以往来得更早了些，秋风裹着一丝丝凉意，似乎在诉说着季节的更迭。村里的向大爷带着他的孙子走在石桥的路上，他们的脸上洋溢着淡淡的喜悦。

中午时分，几朵白云悠悠地飘过村上的天空。苏梓豪正在灶头上忙活儿，父母正在招呼着亲戚准备开席。

"梓豪啊，你这次可办得是儿子的周岁宴哟，"大姑数落着苏梓豪，"他们可是你儿子的亲外公外婆，这么重要的日子，他们居然缺席，这像什么话！"

"是啊，这可不是小事儿。"二姑在一旁帮腔，"你俩的婚姻他们一直反对，但孩子都这么大了，他们怎么还能不来呢？"

"梓豪，你可是个有担当的人，这事儿你得好好想想办法。"幺姑有些无奈，"你岳父岳母不来，是不是也让你觉得有些尴尬？"

苏梓豪的妻子听着这些话语，把孩子往大姑手上一丢，生气地躲进了房间里。

"甩脸给谁看呀！"大姑的话很刻薄，"看看你妻子，受不得一点委屈，还怎样过日子呀！"

"就你们的话多！"面对姑姑们的数落，母亲听不下去了，话里带着严肃，"不能说点让人高兴的事吗？"

"多大的人了，什么时候才能改变你的尖酸！"父亲望着大姑，"你对待你的男人习惯了这样刻薄？"

苏梓豪看见大姑父在一旁偷偷地笑。

"其实我也挺为难的。他们确实一直不太支持我们的婚姻，但我一直努力着让他们看到我的诚意。"苏梓豪苦笑着，"这次没来，我也挺遗憾的。"

大姑仍然有些不满:"那你得想想办法啊,毕竟这是你们家的大事。你俩的婚姻已经走到了这一步,他们不来也显得太不近人情了吧。"

"别灰心,梓豪。我知道你的苦衷。"二姑的语气稍缓,"但你也得想一个法子,毕竟这对孩子的成长也是很重要的。"

"梓豪,要不你试着跟他们沟通一下?"幺姑关心地出主意,"或者找个机会让他们了解你的心意和孩子的成长情况?"

"大姑、二姑、幺姑,我知道你们为我好,我也明白其中的道理。归根到底还是我穷呗,没能让他们的女儿过上好的生活,跟着我在这里受苦受累,没能兑现婚前对妻子的承诺。"苏梓豪解释道,"但我相信,时间会证明一切的。"

桌上的菜肴已经摆满,亲戚们的脸色似乎也有些沉重。此时,苏梓豪的妻子从房间里走了出来,她的眼神中还有泪水的痕迹,但脸上已恢复了平静。她看着苏梓豪,掩饰着不愉快的心情,轻轻地点了点头。

周岁宴的气氛逐渐回暖,笑语再次回荡在屋子里。

苏梓豪知道,这场儿子的周岁宴,不仅仅是个庆祝的日子,更是家族和解的一个契机。然而,岳父岳母的缺席,像一块巨石沉甸甸地压在他的心上,让他喘不过气来。

散席后,亲戚们都相继离开了。苏梓豪坐在房屋前的凳子上,望着天空中几朵移走的云彩,他在思索过往,也似乎在寻找未来的答案。

## 二

二〇一〇年，苏梓豪从大学英语专业毕业。尽管他的专业背景让他有机会成为一名优秀的英语教师，但他却选择了另一条道路，带着对未来的憧憬和期待，来到了D市的一家五星级酒店，开始了他的职业生涯。

这家五星级酒店是当地颇有名气的企业，环境优雅。苏梓豪被分配到了前台接待部门，成为一名储备类主管。初入职场的他，面对全新的工作环境和挑战，内心既兴奋又紧张。但他深知，只有通过不断学习和努力，才能在竞争激烈的环境中脱颖而出。因此，他每天都早早来到工作岗位，仔细学习酒店管理的相关知识，积极向资深同事请教，以不断提高自己的业务水平。

凭借出色的英语沟通能力和勤奋的工作态度，苏梓豪很快赢得了同事和上司的认可。他在处理客户投诉时表现出色，不仅能迅速解决问题，还能用流利的英语与外国客人交流，化解了不少棘手的服务问题。

随着时间的推移，苏梓豪逐渐展现出卓越的领导才能，半年后，他被提拔为大堂部门经理。在这一职位上，苏梓豪不仅要协调各部门之间的关系，还要制定并实施有效的客户接待与服务管理策略，确保酒店的服务质量和顾客满意度。

苏梓豪的努力获得了应有的回报，一年后，他成功晋升为大堂总监，负责维护大堂秩序、处理客人投诉、监督服务质量和协调各部门关系等工作。

在苏梓豪的职业生涯稳步上升的同时，他的个人生活中也迎来了一个重要的转折点。那是在一次忙碌的工作日中，一位名叫小雪的服务生走进了他的视线。小雪来自粤北四百岭山南麓的一个小山村，她的出现如同一股清新的山间溪流，给繁忙的酒店生活带来了别样的色彩。

小雪有着一双明亮的眼睛，笑容温暖而真诚。她对待工作的认真态度和乐于助人的性格，很快就吸引了苏梓豪的注意。两人在工作中频繁接触，渐渐地，他们发现彼此有许多共同的兴趣爱好，比如喜欢阅读、热爱大自然以及对未来生活的美好憧憬。这些共同点让他们的关系迅速升温，从最初的同事关系发展成了深厚的情谊。

苏梓豪被小雪的纯真和善良所吸引，而小雪也被苏梓豪的勤奋和才华深深打动。两人开始私下里约会，一起漫步在城市的街头巷尾，分享彼此的梦想和过去的故事。他们谈论着未来，憧憬着能携手共度一生的美好愿景。那段日子里，他们一起经历了许多难忘的时光，彼此的感情也在日复一日的相处中不断加深。

尽管他们的背景迥异，但他们坚信，只要心中有爱，就能克服一切困难。

然而，这段感情并非没有波折。小雪的家庭得知女儿与苏梓豪相恋的消息后，强烈反对这门亲事。他们认为，小雪应该留在家乡找个条件相当的本地人结婚，而不是远嫁到湖南山区，一个比自己地方还穷的他乡。

小雪的父母担心女儿会受苦，觉得她应该嫁给一个更有保障的人。这样的反对声给两人的关系蒙上了一层阴影，但也让他们更加坚定了彼此的决心。

小雪在面对家庭的压力时，选择了勇敢地站在苏梓豪身边，她相信自己的选择。而苏梓豪则用实际行动证明了他对这段感情的坚定信念。他不仅向小雪表达了自己对她深深的爱意,还承诺一定会给她一个幸福美好的未来。

在那段亲情纠结的日子里,两人的爱情愈发坚固,成为了彼此最坚强的依靠。

尽管家庭的反对给他们的关系带来了巨大挑战,但苏梓豪和小雪的爱情依旧坚不可摧。为了追求自己的幸福,小雪最终做出了勇敢的选择,她决定不顾一切地追随自己的内心。经过深思熟虑后,她向家人坦白了自己的心意,表达了与苏梓豪共同生活的坚定决心。尽管遭到了强烈的反对,小雪依然坚持己见,毅然决然地离开了家乡,与苏梓豪一起回到了湖南老家。

即使小雪的父亲与她断绝关系相逼,也没能改变她的心意。但她知道,这样的勇敢抉择不仅需要极大的勇气,也需要坚定的信念,这一决定无疑是对传统观念的极大挑战。

小雪深知这段婚姻可能会带来许多的未知,但她相信自己能够与苏梓豪共同面对。

苏梓豪与小雪相爱四年后的一个秋天,两人在湖南老家举行了一个简单的婚礼。

尼采说:"婚姻就犹如一场长期对话,当你决定走进婚姻时,你要考虑好你们能否谈笑风生走到最后。"

他们婚姻好像验证了尼采的话,婚后他们没能与春秋共迎风,与岁月共从容,而是开启了一段磕磕碰碰的生活。

## 三

有时候，打工人的婚姻被生活搓磨得伤痕累累。当爱情的激情与浪漫，在婚后生存的重压下被不断消耗殆尽，曾经你侬我侬的两个人不再恩爱甜蜜，慢慢开始心生嫌隙，随之而来的各种抱怨，不满和争吵，将会无休无止。在苏梓豪与小雪的身上好像也不例外。

婚后的苏梓豪，心中怀揣着对美好生活的向往，毅然决定尝试在家务农。夫妻俩起早贪黑，辛勤的在三片田和四片地里整花样，却无法实现他们所追求美好生活的那种模样，日子过得有些紧巴巴。

他们的日子过得不咸不淡的，每一分钱都要精打细算，苏梓豪看着妻子跟着自己过着这样的生活，心中满是愧疚，他暗暗发誓，一定要让妻子过上像样的生活。

然而，命运似乎总爱和人开玩笑。务农的尝试并未带来预期的收获，苏梓豪不得不再次寻找新的出路。

苏梓豪尝试做卤鸭店。经过一段学习后，他架起了炉灶，每天起早贪黑地准备食材，研究和调试卤制配方，希望能做出美味的卤鸭，在市场上打开销路。可现实很残酷，卤鸭店的生意并不理想，成本高而利润低。没过多久，卤鸭店就不得不关门大吉。

再接着，苏梓豪又把目光投向了山货网店。他四处寻找优质的山货，精心包装，努力在网上推广。但他的山货销售也面临着诸多困难，物流成本高，市场竞争激烈，消费者对他的山货认知度也不高。尽管苏梓豪使出了浑身解数，但网店的生意依然惨淡，最终也以失败而告终。

两次创业的失败，让苏梓豪陷入了深深的迷茫和失落之中。

苏梓豪开始反思自己的选择，时常内心自问，难道自己真的没有能力给妻子一个幸福的生活吗？无奈之下，他只能转向自己的老本行，再做服务行业。

于是，苏梓豪踏上了寻找工作的征程，先是在省内外的各个酒店投递简历，四处奔波面试。

可酒店竞争激烈，处在不景气的局面。即使有职位，工资也不高，远远无法兑现他婚前对妻子的承诺，买房买车，过上好日子。

生活的重压像一座沉重的大山，压得苏梓豪喘不过气来。他每天回到家，面对妻子的期待和自己的无用无能，看着儿子一天天长大，心中满是愧疚和痛苦。

在这样的日子里，苏梓豪与妻子之间的情感也开始出现裂痕，各种抱怨、不满和争吵充斥着他们生活的日常。

小雪："你看看，我们都结婚这么久了，你还是一事无成，连个房子都买不起，你让我以后怎么过？"

苏梓豪："我也不想这样啊，我一直在努力，可现在这个形势，太难了。"

妻子："你别找借口了，你就是没本事，当初要是跟了别人，说不定早就过上好日子了，你之前的承诺呢？"

苏梓豪："别这么说，我会努力的，我一定会让你过上好日子的。"

妻子："做梦吧，整天瞎折腾！"

苏梓豪："挣钱，不是要先试一试嘛？！"

妻子:"大泡禾[1],我当初真眼瞎了!"

妻子的话像一把尖刀,刺痛了苏梓豪的心。他低下头,沉默不语。

苏梓豪心里明白,如今的生活如同冬日里凛冽的寒风,割裂了曾经的温暖。

爱情,这个曾经让他们觉得无比珍贵的字眼,现在却变得如此脆弱,仿佛一触即破。随着时间的流逝,那些美好的回忆被现实中的压力和琐碎一点点侵蚀,一点点被生活鞭打。

在那段日子里,苏梓豪与妻子之间的关系愈发紧张。妻子对苏梓豪的不满情绪与日俱增,而苏梓豪则感到无奈和沮丧。

他们开始频繁地讨论离婚的可能性,但每次都因为儿子的原因而作罢。

然而,过好生活说起来容易做起来难。苏梓豪在求职的道路上越走越艰难,他心里清楚,即使能找到一份工作,那买房买车的能力要等到猴年马月,他真的等不起了。

苏梓豪感觉自己无路可走。他开始把希望放到海外,他听说海外的酒店行业发展得不错,或许能给他带来更多的机会。

在国内求职无门的情况下,苏梓豪开始收集海外酒店的招聘信息,并找到了朋友所开的一家人才中介帮忙,他准备踏上海外的求职之路。

苏梓豪心想,人不走出去,家就是自己的世界。可这个"世界"自己没法过呀。

---

[1] 大泡禾,白话,窝囊废。

苏梓豪知道,这将是一次身不由己的旅程,充满了未知和挑战,但他别无选择,他必须为了妻子和家庭而作努力。

## 四

　　二〇一八年五月的一天，暖暖的太阳照在一片生机勃勃的田野上。此时，人才中介给正在农忙的苏梓豪打来电话。

　　"苏梓豪吧？我是人才中介的向先生。"

　　"我是。向先生好！"

　　"柬埔寨西港一家酒店录用了你。他们的人力资源负责人讲，相关信息及工作 Offer 已发你邮箱了，请你及时查收和着手准备。"

　　"好，感谢你们的帮助！"苏梓豪十分激动地回复道，"我会准备好的。"

　　一手泥的苏梓豪蹲在田坎上，激动的点开手机邮箱中的聘用通知书：

Dear Ms. Zi-Hao Su

We are honored to inform you that: As required of business development, you are invited to visit Cambodia for assume as lobby manager in our company, after you obtain your visa, please arrange your visit to Cambodia as soon as possible.

Reminder: Upon entry, you have an obligation to strictly abide the laws and regulation of the Kingdom of Cambodia and the relevant epidemic prevention policy requirements.

If you have any questions or require additional information, Please contact us at +855……

　　看到这里，兴奋的苏梓豪拨通了酒店国际长途电话。当确认录用是真的时，他欣喜若狂。

苏梓豪后来才知道,柬埔寨一些中资背景所开的服务企业,由于发展增量快,急需各类人才。这些企业招人通常是由先去的员工推荐,他们感觉这样信息对称,渠道直接。因此,他们会放弃程序繁琐、周期长且费用较高的劳务派遣模式。

苏梓豪顾不得了农活,飞奔地回家与妻子商量。

苏梓豪:"亲爱的,有个好消息,有个坏消息,你想先听哪个?"

妻子回头,微笑着:"你能有什么好消息?"

苏梓豪:"好消息是,我收到了一份来自柬埔寨一家豪华酒店的高薪录用通知书。"

妻子惊喜地放下手中的活儿,走过来:"真的吗?那太好了!"

苏梓豪:"但是,坏消息是,这份工作意味着我们要离开家乡,去一个全新的环境生活。"

妻子的笑容微微收敛:"离开家乡……这个,我们得好好考虑一下。"

苏梓豪:"我知道这个决定不容易,但这是一个很好的机会,可能会给我们带来更好一些的生活。"

妻子沉默了片刻,然后缓缓开口:"我们在一起,无论去哪里,都是家。但是,我和孩子怎么办?"

苏梓豪:"我明白你的担心,不是背负重压,谁愿意离乡背井,去异国他乡打工?"

妻子看着苏梓豪,眼中闪过一丝坚定:"你说得对,为了我们的未来,为了孩子,值得一试。"

苏梓豪紧握妻子的手:"放心,我们会一起面对,一起克服困难。这份工作,我们就接下了。"

妻子微笑着,眼中闪烁着对未来的期待:"好,但愿是新生活的开始吧。"

五月天的山村清晨,晨曦的微光透过稀疏的云层,落在山村宁静的田野上,远处的青山还沉浸在淡淡的晨雾中。石拱古桥横跨在清澈的溪流上,桥下的流水敲打着音节,如同低声吟唱着一首古老的歌谣。在桥的栏板上,斑驳的痕迹诉说着时光的故事,青苔在石缝中顽强地探出头来,点缀着这座岁月见证下的村上古桥。

在这宁静的晨光里,一对年轻夫妻站在古桥的一端,他们的身影在淡淡的晨雾中若隐若现。丈夫苏梓豪身着简约的休闲装,肩上搭着一个沉甸甸的背包,里面装着他远行所需的全部家当。妻子小雪则是一身淡蓝色的长裙,裙角随着微风轻扬,像是一片漂浮在晨曦中的云朵。

他们的眼神交汇在一起,眼中充满了即将离别的不舍与对未来的渴望。妻子的眼眶湿润,但她努力地微笑着,试图将这份离别的哀愁深埋心底。

时间在这一刻仿佛凝固,古桥、溪水、山林与这对年轻的恋人共同编织成一幅宁静而又动人的画面。即将踏上远方的丈夫,紧紧地拥抱了妻子,他们的心在这短暂的拥抱中贴合,仿佛在告诉彼此,无论未来多么遥远,这份爱将永不磨灭。

苏梓豪内心清晰意识到,这一离别,即将踏上去往柬埔寨的征程,未知的前景让他感到忐忑不安。在那片陌生的土地上,等待他的将是命运的考验,福祸未卜。

他深知,一旦离开,便无退路可寻。在这没有回头的征途上,苏梓豪已下定决心,无论遭遇何种困境,都将死磕到底,直至终点。

## 五

西港机场的出口，酒店的接机人员早已在此等候多时。一张红底黄字接机牌在出口处显得格外的醒目。苏梓豪笑着走了过去。

"您是苏梓豪，苏先生吧。"接机人微笑着，"我是酒店人力资源部的小谢。"

"是的，"苏梓豪回应道，"感谢你哈，小谢。"

从西港机场到酒店有十三公里车程，苏梓豪坐在车上，心里有些不平静，一路观望窗外沿途的风景。

苏梓豪入职的是一家正在筹备中的高星级酒店，一大半的服务员都来自中国，特别是管理层人员。二〇一九年，酒店由柬埔寨国家旅游部颁发五星级牌照。

苏梓豪到店后，心里不安的情绪才就此落地。他立即与在家的妻子报平安。

"小雪，我已到西港的酒店了。"苏梓豪并配了一段酒店环境视频，"我的感觉蛮好的。"

"那好！"妻子带着关心，但语言很简短，"你要保重身体和安全。"

到店的苏梓豪，他负责部门从筹备到开业的全过程。为了确保酒店能够顺利开业，他投入了大量心血，不仅制定了详细的计划，还亲自参与每一个环节的细节把控。他说：那段时间，自己累得不行。但为了一个共同的目标，大家都在拼。

在筹备过程中，苏梓豪带领自己的团队与各部门紧密合作，共同解决了诸多筹办中的问题。他们不仅要确保酒店的硬件设施达到高标准，还要制定一套完善的客服接待流程和高星级服务标准。

苏梓豪深知，只有在开业前做好充分的准备，才能确保酒店的顺利运营。于是，他每天加班加点，与各部门密切沟通，确保每一个细节都尽善尽美。

经过几月的努力与付出，终于迎来了酒店开业的日子。当天，酒店内外布置得格外庄重而温馨，宾客们纷纷前来祝贺。庆典酒会上，苏梓豪及其团队当天的核心任务，是接待与服务好外宾。

苏梓豪在酒店已经工作半年了。随着他的出色表现逐渐为人所知，集团总部也开始关注这位年轻才俊。

一天，酒店总经理特地邀请苏梓豪进行了一次深入交谈。

总经理开门见山地说："苏总监，酒店对你在这段时间里的表现非常满意。你的能力已经远远超出了我们最初的预期。"

苏梓豪认真聆听着，内心既激动又有些紧张。

总经理继续说道："董事长跟我讲了，鉴于你在酒店管理及英语水平等方面的卓越表现，集团总部决定提拔你，让你担任董事长助理这一重要职位。"

苏梓豪惊讶之余，也感到十分荣幸，他意识到这是一个全新的挑战和机遇。

"这是我们酒店的荣耀！但你高就了，却不要忘了我们。"总经理进一步解释道，"我们相信，凭借你在酒店管理上的丰富经验和出色能力，一定能够在更高的平台上发挥更大的作用。"

听到这里，苏梓豪心中涌起一股强烈的使命感。他明白，这不仅是对自己过去努力的认可，更是一份沉甸甸的责任。

"我的这些成绩，是您教导与培养的结果。"苏梓豪感激地回应道，"感谢您的信任和支持，我会全力以赴的。"

升任董事长助理后，苏梓豪面临着更为复杂的任务和更高的期望。他迅速适应新角色，展现了卓越的项目协调与跟进能力。

集团依托房地产主营业务，正在向文旅、连锁酒店、金融、科技产业园、教育等领域拓展。

在董事长的指导下，苏梓豪开始全面协调跟进多个关键项目的推展，其中包括拓展新的市场领域，跨区域的合作项目和优化企业内部管理机制，以及提升品牌影响力等。每一次项目启动，他都精心策划，确保每个环节都能高效运行。

苏梓豪在董事长助理的岗位上，以其卓越的表现赢得了董事长的赏识。

苏梓豪有些自豪的跟我讲，董事长常常与集团企业的管理者们感慨：苏梓豪不仅具备出色的业务能力，更重要的是他那份对工作的执着和热爱。

而我想，所有的事情都抵不过时间，让人成熟的不是年龄，而是经历。

## 六

二〇二三年五月,柬埔寨举办的第三十二届东南亚运动会和第十二届东南亚残疾运动会,其中包括沙滩排球、沙滩足球、帆船、水上摩托车和水上运动五个比赛项目在西港举行。

这是一场汇聚了东南亚各国体育健儿的盛大聚会。苏梓豪作为集团企业的优秀员工代表,他有幸通过了组委会的选拔,成为了一名赛事服务志愿者。

运动会期间,他被分配到沙滩排球、沙滩足球两项赛事的志愿服务组。

这位来自中国的容颜,在那群热情洋溢的志愿者中,苏梓豪显得格外引人注目。这是他在异国他乡投身于这场体育盛事中的一次全新的体验。在志愿服务过程中,他要积极为参赛选手和观众提供了周到的服务,以充分展示了中国人民及东道主的热情好客和敬业精神。

他深知,这不仅是一次服务的机会,更是一次深入体验和见证体育精神的力量。

在沙滩排球赛场,他密切关注比赛进程,为选手们提供及时的休息补给。也目睹了选手们挥洒汗水的身影,他们跳跃、扣杀、拦网,每一个动作都充满了力量与美感。沙滩足球的赛事同样紧张激烈,球员们在细软的沙滩上追逐着足球,每一次传球、射门都显得异常关键。苏梓豪不禁被这种拼搏和坚持的精神所感染,他用心记录下每一个精彩的瞬间,为选手们加油鼓劲。

在这场赛事中,苏梓豪深刻体会到了体育竞技的魅力和残疾人运动员的坚韧不拔。

他感慨万分:"这些运动员们勇敢面对挑战,追求梦想的精神,让我深受感动。作为志愿者,我也要尽自己所能,为他们提供更好的服务。"

苏梓豪的志愿服务经历,不仅是他个人成长的一次宝贵经历,更是他所在企业社会责任感的一种体现。他带着这份宝贵的经验回到了工作岗位,将体育精神融入到日常工作中,激励着身边的同事,共同创造更加美好的未来。

那次运动会"体育——生活在和平中"的主题精神,也让苏梓豪深刻体会到体育的魅力和和平的力量。在志愿服务的过程中,他感受到了不同文化背景下的友谊与尊重。他在与各国运动员和志愿者的交流中,增进了对东南亚各国文化的了解,也学会了如何在跨文化环境中协作与沟通。

苏梓豪讲,能亲身参与中柬人文交流,助力中柬民心相通,这是他有生以来获得的最大的荣誉,让他终生难忘。

## 七

苏梓豪心里清楚，只有经过风吹雨打才知生活，苦尽甘来才懂人生。

每当夜幕降临，西港的街头灯火渐次亮起，映照着这个城市的喧嚣与繁华。而苏梓豪与妻子已阔别六年了，彼此间的牵挂和思念如同潮水般汹涌。

每当夜深人静，苏梓豪总会躺在床上，望着天花板发呆。那些过往的日子，仿佛就在眼前。他记得与妻子离别那个夏天，清晨的阳光明媚，微风拂面。那时，他们还不知道命运会将他们拖入漫长的离别。然而，生活往往充满了无奈，为了给家人创造一个更好的生活条件，他没有更好的选择。

在这里，苏梓豪每天都要面对繁杂的工作，并忍受着孤独和寂寞。每当疲惫不堪时，他总会想起妻子的笑容，那是他心中一股永恒的温暖。

然而，他也知道，妻子在国内的日子同样不易，既要照顾父母，还要照养孩子。这份责任和担当，让苏梓豪对妻子的思念更加深沉。但他只能将思念深埋心底，用坚定的信念和毅力，支撑着自己度过每一天。

有时候，苏梓豪会在西港的街头漫步，看着来来往往的人群，他想象着妻子的笑容，想象着她的忙碌，想象着她的担忧。这一切，都让他的心愈发疼痛。

此时的苏梓豪心里清楚，在外打拼六年的自己，是有能力规划家庭的未来生活了。他不仅要兑现给妻子的一个承诺，还要给儿子一个更好的教育环境,同时,也要修复岳父岳母的亲情关系。

苏梓豪想到这些,心里有些酸楚,也有些兴奋。正在此时,妻子来信息了。

"县城的房子已经购买好了,带学位的。"妻子的话带着直接,也许是时间的打磨,夫妻之间没有卿卿我我,"我准备在县里的商场找一份工作。"

"上班!那是很累的!"苏梓豪有些担心,"儿子上学怎么办?"

"父母同意了,他们过来照顾。"让苏梓豪没想到的是,妻子在这几年间,已逐渐修复好了与她父母的关系,"他们过几天就来县城。"

"你真是咱们家的功臣!"苏梓豪激动的眼泪在眼眶打转,"难为你了!"

"村上老家房子也旧了,"妻子在为丈夫着想,"该翻新了,不然爸妈住着一定不安全。"

"你真好!"听到此话后,苏梓豪知道妻子懂自己的心思,"夫人,你让我感动了!我过几天就回家修一个长假。"

此时的苏梓豪体会到,在生活的长河中,家是一个人最温暖的港湾。妻子的坚定与智慧,让原本曲折的亲情之路逐渐变得平坦。

苏梓豪明白了,真正的幸福不仅仅是物质上的积累,更是心灵的归宿与亲情的融合。妻子的默默付出,不仅拉近了他们与亲人的距离,更是为他点亮了前行的灯火,指引着他不断向前,为这个家创造更多的可能。

我想,在他们的身上,或许,婚姻是彼此之间的一场人生长路的兜底。若底漏了,心就散了,家就散了。

而对于苏梓豪来说,婚姻,不仅仅是一份承诺,更是一份对未来的期许。

# 山海情缘

## 一

在西港工厂做搬运工的王弟生，来自大巴山北麓的一个交通闭塞的农村。那里山峦起伏，四季分明，常年云雾缭绕，是一片神秘而又美丽的地方。

王弟生属家里三代单传，长相也似乎对他并不照顾，脸上的风水似乎没完全长开，且身材矮、壮。父母为他的取名字是带有希冀的，希望他还能有二弟、三弟……

王弟生三十三岁的那一年，父亲带着遗憾撒手人寰，留下了他和母亲二人相依为命。

王弟生的家位于村子的边缘，三间老土墙瓦房在岁月的洗礼下显得有些斑驳。屋内家徒四壁，简陋的家私有些杂乱无序。由于母亲常年患有哮喘，家里的经济状况十分拮据，生活过得有些寒酸。

每天天刚蒙蒙亮，王弟生就会起床，为母亲准备好早餐，然后匆匆忙忙地去田里劳作。他知道，只有通过自己的努力，才能让母亲过得好一些。

中午时分,王弟生匆匆赶回家里。饭后,他会稍作休息,然后又投入到田间的劳作中去。

傍晚,夕阳的余晖洒在王弟生的身上,他拖着疲惫的身躯回到家中。母亲早已为他准备好了晚餐,二人围坐在桌前,虽然生活清苦,但却充满了温馨与幸福。

王弟生已经三十五岁了,却依然单身。家里年迈的母亲对此忧心忡忡,焦急不已。母亲为了让儿子早日成家,她四处托人说媒,希望能为儿子找到一个伴侣,哪怕是一个离了婚的女性。然而,受限于家庭背景和个人条件的束缚,王弟生的婚事始终未能如愿,没有人能看得上他和他的家庭。

看着母亲焦急的面容,王弟生心中充满了愧疚。他知道,自己已经老大不小了,应该尽快成家立业,让母亲过上安心的生活。于是,他开始更加努力地工作,希望能赚一些钱,改善家庭的经济状况。

在接下来的日子里,王弟生更加勤奋地劳作,他不仅在田里辛勤耕耘,还利用业余时间在周边做一些零工,赚取一些收入。他的努力并没有白费,家里的经济状况逐渐得到了改善,生活也变得越来越有希望。

然而,命运却总是喜欢捉弄人。就在王弟生以为自己的生活即将迎来转机的时候,母亲的哮喘病却突然加重了。她躺在床上,咳嗽不止,脸色苍白。王弟生心急如焚,他带着母亲四处求医问药,但病情却始终没有得到好转。

在母亲生病的那段日子里,王弟生日夜守在她的身边,悉心照料着她。他为母亲熬药、喂饭,尽自己最大的努力让母亲感受到温暖和关爱。尽管他自己也十分疲惫,但他从未有过一丝怨言。

在王弟生的精心照料下，母亲的病情终于逐渐好转了。她看着儿子憔悴的面容和疲惫的身体，心中充满了心疼。她知道，儿子为了自己付出了太多、太多，自己一定要好好活着，为儿子分担一些压力。

随着母亲病情的好转，王弟生的生活也逐渐恢复了往日的平静。他不怨天，不怨地，只怨自己没能力，没本事。他依然每天早起晚睡，辛勤劳作，为了家人的幸福而努力着。

他心想，世上没有人能选择自己的出身，但可以努力选择自己的未来。他相信，只要自己坚持不懈，就一定能够改变家庭的现状，让母亲与自己能过好一些。

王弟生始终想，自己不缺体力，而缺的是对生活的机遇和智慧。

## 二

一天，王弟生到邻村打零工时，认识了一位在柬埔寨西港特区打工的老乡。老乡讲，西港特区需要大量的员工，不妨让他去试试。

据中国一带一路网，柬埔寨西哈努克港经济特区，简称西港特区，总体规划面积近十二平方公里。由红豆集团联合无锡华泰投资置业有限公司、柬埔寨国际投资开发集团有限公司共同开发建设，是中柬最早签订的一个双边政府协定的国家级经贸合作区，于二〇〇八年二月由原柬埔寨首相洪森亲自奠基，旨在为企业搭建"投资东盟，辐射世界"的集群式投资平台，实现共赢发展。配套功能齐全的生态化样板园区，可解决八至十万产业工人就业。

二〇一六年，王弟生通过老乡的引荐，到西港特区一家中柬合营的工厂运输货场做了一名搬运工。

这是他有生以来，第一次走出大山，而且还是到遥远的海外。

他清楚地记得，从国内出发时，内心充满了复杂的情绪，既兴奋又紧张。兴奋的是，终于有机会去见识外面的世界；紧张的是，面对陌生的环境和语言障碍，他能否适应。

尽管环境陌生，勤劳朴实的他很快就适应了在柬的工作节奏。

每天清晨，伴随着第一缕阳光，王弟生便开始了他的工作。搬运工是一项很费体力的活，在柬埔寨高温的天气下，需要不断重复弯腰、托举的动作。尽管身体疲惫不堪，但他从未抱怨过。

王弟生与当地员工虽然语言不通，但通过手势和表情，他们也能互相理解，相互配合。

然而，最令他困扰的问题还是当地的务工人员对无例休和加班的反感，因他们所追求的生活方式不同。大多数当地员工领取当月工资后便选择自动离职，让管理者倍感无奈。而王弟生则不同，他想争取更多的加班机会，常月不休，且每当有额外的工作任务时，他总是第一个站出来，主动提出加班。这份坚持和勤奋也逐渐赢得了管理者的认可。

其实，王弟生的想法极其的简单，在国外赚到一些钱后，回家盖新房，再有经济能力娶妻生子，延续家族的香火。这个朴素的愿望，一直支撑着他在外的打工之路。

老实的王弟生深知，只有通过自己的努力，才能实现自己的愿望。尽管生活条件艰苦，工作强度大，他都能消受。每当夜深人静，他都会默默地告诉自己：无论遇到什么困难，都要坚持下去。

王弟生目睹着自己汗水换来的每一分钱逐渐积少成多，他的内心充满了甜蜜的喜悦。这些钱币，对他而言，不仅是一枚枚铜板，更是通向家乡的路标，是达成他心中朴素愿望的关键阶梯。

然而，生活总爱以出人意料的方式展开剧情。就在王弟生一门心思扑在奋斗之路上时，一段跨国界的情缘，在他未曾预料的情况下，默默潜入他的生活……

## 三

在繁忙的货仓场上，一些货物还需人工操作。王弟生每日在烈日下挥汗如雨，他将沉重的货物从卡车上卸下来，再小心翼翼地搬进仓库。他的背影在阳光下显得格外坚韧，汗水浸透了工作服，但他的步伐却从未有丝毫迟缓。尽管环境艰苦，但他总是面带微笑，似乎这份工作不仅是一份养家糊口的手段，更是他对生活的热爱与执着。

王弟生讲，他和努拉的相遇并非偶然。他们都在这家货场工作，王弟生负责搬运货物，而努拉则是一名清洁工，负责打扫货场的各个角落。在忙碌的工作间隙儿，他们偶尔会擦肩而过，彼此投去匆匆一瞥。

努拉来自柬埔寨西北部的奥多棉芷省。村边的斯伦河奔腾不息流入柬埔寨人民的"生命之湖"——洞里萨湖。那里的山区被葱郁的原始森林所覆盖，经济较为落后，以农业为主。努拉也属于典型的农民家庭，下有一个妹妹和三个弟弟。她担负起重担，二十七岁还未结婚便进城做起了劳工，并用她勤劳的双手编织着家庭的生活。

在工作中，王弟生和努拉两人经常用翻译软件进行工作与生活方面上的沟通。起初，他们只是简单的工作交流。但随着时间的推移，他们开始聊起各自的生活和家庭。

王弟生讲述着自己在中国的家乡，那里有熟悉的乡味，友善的邻里，虽然生活平凡却充满温暖。努拉则向他描绘着奥多棉芷省的美丽景色，那里有中国承建的水利灌溉枢纽，有原始森林中的鸟语花香。在这些简短的交流中,他们逐渐对彼此有了更多的了解。

王弟生发现努拉是一个勤劳善良的女孩,她对待工作一丝不苟,总是默默地将货场的每一个角落打扫得干干净净。

王弟生空闲时,会帮助努拉打扫高处的卫生,搬运重的垃圾。而努拉也欣赏王弟生的坚韧和努力,他在搬运货物时总是不知疲倦,汗水湿透了衣衫却依然坚守岗位。

渐渐地,在相知相识中王弟生逐渐获得了努拉的好感。每当努拉在工作中遇到困难,王弟生总会主动伸出援手,帮她解决问题。而努拉也会在王弟生疲惫时,默默地为他送上一杯冰水,或是一个温暖的微笑。

在这个过程中,他们也遇到了一些困难和挑战。由于语言和文化的差异,他们之间偶尔也会出现一些误解和矛盾。但他们总是能够坦诚地交流,互相理解和包容,一起克服这些困难。

随着时间的流逝,王弟生和努拉的感情越来越深厚。他们不再仅仅是同事,更是彼此生命中重要的人。他们一起憧憬着未来,希望能够在这个陌生的国度里,共同创造属于他们的幸福生活。

然而,命运却总是充满了不确定性。在一次货场的紧急搬运任务中,王弟生不慎受伤,需要长时间的休养。努拉心急如焚,她每天都会来到王弟生的病房,照顾他的生活起居,给他鼓励和支持。在努拉的陪伴下,王弟生的伤势逐渐恢复,他们的感情也变得更加坚定。

经过那次的考验,王弟生和努拉更加珍惜彼此。他们知道,在这个世界上,能够找到一个真正懂自己、爱自己的人是多么的不容易。于是,他们决定一起面对未来的挑战,携手走过人生的每一个阶段。

王弟生心想,自己长得好不好看不要紧,他要在粗茶淡饭中寻找一种幸福。

## 四

二〇一七年，对于王弟生来说，是他情感中重要的转折点。王弟生与努拉在柬埔寨内政部办理了跨国结婚证，他们在特区附近的村子里租了二间旧民房，两人用勤劳和汗水装点着这个临时的爱巢。

他们没有婚礼，也没有人给予祝福，王弟生感觉到一种无奈，和一种无力的心酸。房子条件简陋，虽然只有简单的生活用品，但每一件都凝聚着他们的努力与爱意，并成为了他们共同生活的起点。

不久之后，两人迎来了他们的第一个孩子，一个活泼可爱的男孩。这个孩子的到来，给他们的生活带来了无尽的欢乐与希望。王弟生感叹：我家的祖坟终于冒青烟了！

为了更好地照料孩子，努拉决定从家乡接来自己的母亲。这位慈祥的柬埔寨母亲不仅能够帮助照看好孙子，还能减轻夫妻俩的压力，让他们有更多的时间去工作。

每天晚上，努拉都会回家陪伴家人，享受家庭的温馨时光。尽管生活依旧忙碌，但他们感到无比满足，因为彼此之间的爱和支持是他们最宝贵的财富。

二〇二一年，王弟生和努拉迎来了一个重要的时刻，他们的大儿子到了入园的年纪。为了让孩子接受更好的教育，他们决定将儿子送到西港港华学校读幼儿班。这所学校的教学质量在当地享有盛誉，师资力量雄厚，课程设置科学合理，能够为孩子们提供全面的成长环境。

据柬中时报,西港港华学校是由当地侨领郑源来先生带领当地华人募捐创办,属于一所从幼儿园到中学建制的公立华文学校。学校可同时学习中文、英语、柬埔寨语三种语言。从二〇一〇年开始,中国侨办和中国汉办老师到港华接力支教,学校并荣获中国国务院侨办授予"海外华文教育示范学校"称号。

送孩子入学那天,全家人都非常激动。王弟生早早地起床,精心打扮好自己,确保一切井井有条。努拉则为儿子准备了崭新的书包和文具,希望他能在新环境中顺利适应。努拉的母亲也陪伴在一旁,用慈祥的目光注视着这个家庭的未来。

每当放学时间,王弟生都会准时出现在校门口,等待着儿子的身影。努拉也会提前准备好简单的晚餐,期待着一家人围坐在一起的温馨时刻。

尽管王弟生为妻子努拉提供的生活条件有些艰苦,但她从未抱怨过。

王弟生的心里充满了感激与愧疚。他知道,目前的生活并不是努拉所梦想的,但他也清楚,努拉从未对他有过一句怨言。在那间简陋的小屋里,努拉的微笑如同窗外的阳光,温暖而明媚,照亮了他们共同的每一天。

努拉总是能够从最简单的食物中找到乐趣,她的小手轻轻拂过那些陈旧的家具,仿佛赋予了它们新的生命。王弟生看着她,心里泛起阵阵波澜,他想要给她更好的生活,却总是在现实的打压下感到无能为力。

夜深人静时,王弟生常常在床上辗转反侧,思考着如何能够让努拉过上更加舒适的日子。他知道,只有通过自己的努力,才能够让她笑得更加灿烂。在这样的夜晚,他暗下决心,哪怕是为了给她买一件漂亮的裙子,或是准备一顿丰盛的中国菜晚餐。

然而,妻子努拉似乎对这些并不在意,她的世界里充满了爱与理解。每当王弟生唉声叹气时,努拉心有灵犀地看出了王弟生的心思,她用手机翻译件告诉他:"只要有你在,这就是我想要的生活。"妻子善解人意的话语,如同春风化雨,滋润着王弟生的心灵。

我想,因交流障碍,无论来自中国的王弟生,还是来自柬埔寨的努拉,过好日子的辛勤付出,都是他们的共同语言。

王弟生与努拉相互扶持,或是无言的笑意,或是在手势与眼神中,他们的感情越发深厚。王弟生不再感到愧疚,他开始学会珍惜当下,与努拉一同在艰辛中寻找生活的美好。他知道,只要他们心连心,就没有什么困难是他们无法克服的。

向光的生活总是能够如约而至。二〇二二年,他们的第二个儿子出生了,这给他们的家庭带来了更多的欢笑和生机。尽管家里多了一口人,但每个人都忙得不亦乐乎,充满了生活的乐趣。每天晚上,全家人会围坐在餐桌旁,分享一天中的点滴。努拉的母亲常常讲述一些有趣的故事,逗得孩子们哈哈大笑。王弟生则在一旁静静听着微笑,虽然他听不懂岳母的话语,但大儿子会作简单的汉语翻译,让王弟生心中充满无限的感激。

王弟生在不完美的生活中感知完美,并希冀一切所遇都能有惊喜。

在柬打工的这些年来,他一直挂念着母亲居住在简陋的土坯房中,希望通过自己的努力,改善母亲的生活条件。二〇二三年初,王弟生出钱请老舅在老家盖起了四间砖瓦房。

王弟生跟我讲,由于之前的老房子是危房,在改建时,当地政府还给予了一定的现金资助。他为此十分感激。

这座新房子这不仅寄托了王弟生的孝心,也承载着他与妻儿以后未来的生活,更是他对母亲深深情感的最好回报。

为家庭创造更多的经济基础,王弟生希望在西港再干一二年,继续努力工作。期间,他经与老家当地相关部门咨询后,也开始着手为妻子努拉和孩子们办理中国国籍作前期资料准备。

王弟生深知,随着孩子们逐渐长大,他们需要在中国的环境中成长。因此,他计划等到小儿子达到读幼儿园的年龄时,举家返回中国,与母亲一同生活。这不仅能让孩子们享受到更好的教育资源,也能让全家人团聚在一起,共享天伦之乐。

为了实现这一目标,王弟生每天都全力以赴地在货场工作,他肩上扛起来的是上有老下有小。下班后还在"简单点"平台上兼职送外卖,力求在有限的时间里赚取更多的积蓄。妻子努拉也全力支持他的决定,她相信,在中国的生活会带给孩子们更多的机会和可能性,她向往到中国的土地上生活。

对于即将到来的归国生活,王弟生满怀期待。他想象着一家人回到中国,与母亲共度每一个重要时刻。他知道,虽然他们现在的生活俭朴,但他们始终能相互扶持,共同面对困难,去追求一家人幸福的生活。

我想,爱情是一种力量,可以跨越国界,跨越文化的差异。他们的生活是晨起夜落,柴米油盐的光泽是她们的共同语言,并感知彼此内心的温暖。

我也想,人若心有所向,平凡的日子也会泛着光芒。但妻儿入籍中国,王弟生需要更多时间的等待与努力。

# 敢拼才会赢

## 一

傍晚，小黎在西港店里忙于米其林三星餐厅申报材料。这家店位于西港最繁华的街道上。

五年间，他已在柬埔寨的金边和西港开有六家小龙坎老火锅店、一家大赞烤肉店和一家淘蛙干锅店。此次要申报的是位于金边的小龙坎旗舰店，位于桑园区，是小黎梦想起航的地方。

小黎的火锅餐馆，属于正宗的川渝菜系，选料考究，制作精细，并融合了当地一些地方风味。在柬埔寨餐饮领域中，以高端菜系的姿态而存在，属柬埔寨餐饮市场上的一股清流。

小黎讲，每一片食材、每一盅汤底，都经过大厨的精心挑选与调制。他要把川渝火锅菜系的精髓在这里发扬光大。如评定成功，将是柬埔寨第一家中式餐饮米其林三星餐厅。而它不同于柬埔寨首家米其林三星餐厅，其主打的是法式、越南本土和柬式相融合菜系。对于中国人的饮食习惯来讲，有些不对胃口。

据中国侨网，如今在柬埔寨发展的中国人达到了三十五万人，再加上已经在这里生活多年的华人，整个柬埔寨的华人、华侨超过一百万。而随着中柬政府"一带一路"建设的快速推进，这一数字还将继续增长。

"走出去敢拼，世界就是你的家。"小黎带着雄心壮志跟我讲："有华人华侨的消费体量支撑，我看好这个中式餐饮消费大市场。"

"你发展势头这么快，是不是来晚了一些。"我有些担心地问："据我所知，这个赛道竞争有些激烈，如海底捞、雾都等已经在这里布局。"

"我们的中式餐饮入局柬埔寨市场较早，小龙坎在金边、西港都有门店，已稳坐市场第一。"小黎带着自信与坚定，"算是最早在细分市场中找风口吧。"

"你做的是连锁加盟模式吗？"我带着疑问。

"属于成都小龙坎东南亚总代理，柬埔寨的店全是自己公司直营的。"小黎的话很直接，"不然，一不小心会搞砸招牌的。"

"这种经营理念，确实对路。"我赞许道，"在食味方丈里，需要这种经营之道。"

"我们还开有西港大赞烤肉店和金边淘蛙干锅店。"小黎继续介绍道，"这两家店也是我们直营的，我们希望通过多元化的经营策略，吸引不同口味的顾客。西港大赞烤肉店专注于提供优质的烧烤体验，而金边淘蛙干锅店则以独特的干锅风味赢得食客的喜爱。"

"真了不起。"我回应道，"细分市场是要快速占领这里的餐饮赛道。"

"是的，"小黎的眼神中透露出一种既谦虚又自豪感，"每一家店都承载着我们对美食的热爱和对品质的执着追求。我们不仅引进了中国的传统美食，还在本地口味的基础上进行了创新，以满足华人及柬埔寨消费者的需求。"

在晨曦微露的时刻，小黎手中的申报材料，不仅仅是一张纸，它承载着他多年来的努力与汗水。

在金边和西港，八家店如同他的孩子，每一砖每一瓦都见证了他的坚持与执着。并以更加贴合中国人的口味，满足他们对于家乡味道的极致体验。

## 二

经过小黎的介绍，得知他来自粤东南地区，在没来柬埔寨发展之前，原本是在D市一个水乡城镇开牛肉面馆的。

那里，东江水穿境而过，造就了城水相依、人水相亲的独特风情。

二〇一八年尾，一个不经意的傍晚，斜射的阳光透过餐馆的玻璃，照在了小黎的肩上。往日里总是座无虚席的餐馆，因当地产业升级和出品单一及市场竞争等原因，如今，却是门可罗雀，空荡荡的餐桌无声地诉说着这家店的困境。

这天晚上，一位熟悉的身影走进了小黎的餐馆，那是附近一家工厂的廖老板。他是小店的老顾客，隔三岔五带团队来这里用餐。

"小黎啊，最近怎么样？"廖老板一边坐下，一边环视四周，"这生意还是这么冷清吗？"

小黎叹了口气："是啊，廖老板。这一段时间，生意都不太好，真是愁坏我了。"

廖老板点了份招牌牛肉面后，坐在角落里的常坐位置，等待着美食的到来。

小黎亲自端上了热气腾腾的面条，微笑着询问廖老板的近况。廖老板叹了口气，告诉小黎，由于地方经济转型——"腾笼换鸟"，以及工厂因订单锐减等原因，为了生存下去，他不得不将工厂转移到劳动力成本更低的柬埔寨。

这个消息对小黎来说无疑是一记重击，这意味着他将失去一位重要的客户，生意的雪上加霜让他倍感压力。

"老板，您也看到了，目前生意难做。"小黎停下手上的动作，抬起头，眼神中闪过一丝惊讶，随即平静地问道："哦？那是个不错的决定。老板有什么打算？"

"其实我有个想法，或许对你是个机会。"廖老板带着笑容与信任，"你有没有兴趣去柬埔寨金边开一家餐馆，我们可以合伙，你控股，并全权负责管理。"

廖老板看着小黎有些迟疑，接着说道："你可以完全按照自己的想法和经验来运营餐馆，不需要过多考虑我的意见，而我也会提供必要的支持，包括初期的资金投入和后续的一些资源关系对接。这样对你来说风险也相对较小，你看怎么样？"

"可我对金边并不熟悉呀，"这个提议显然出乎小黎的意料，"而且那里的市场我也不是很了解。"

面对小黎的疑惑，廖老板详细解释了自己工厂搬迁到柬埔寨金边的原因，并且强调了当地的市场潜力和投资环境。他说，金边作为柬埔寨的首都，经济正在快速发展，人口密集，消费水平也在不断提升。特别是近年来，随着中国及外国投资的涌入，许多国际品牌和企业纷纷入驻，带动了当地餐饮业的发展。金边的中餐馆虽然不少，但真正能提供优质料理的并不多，因此，具有声望川渝火锅菜系的市场还存在很大的空白。

小黎沉默了一会儿，然后缓缓地说，"我还是有些顾虑，毕竟那边的文化习俗、法律法规和国内市场有很大的不同。"

"这点我也考虑到了。我们会聘请专业的法律顾问和财务顾问，帮助我们解决这些问题。"廖老板看到小黎的担心，拍了拍小黎的肩膀，信心满满地说，"你不熟悉没关系，我可以提供一切必要的支持。而且，你在这里的餐馆，之前做得那么成功，我相信你在金边也能复制这份成功。"

"语言问题也是一个难点。"小黎继续说道,"我担心会影响员工与顾客的交流。"

"放心吧,咱们开的可是中式餐馆。"廖老板表示,"目标客户群体大多是华人华侨。如有当地顾客消费,由当地员工来沟通交流就好了,这不是问题。"

小黎思索片刻,眼前的牛肉餐馆仿佛在他的眼前模糊起来,取而代之的是一片未知的异国风光。他露出了微笑,对廖老板说:"好吧,我愿意试试。毕竟,人生不就是要尝试新鲜事物吗?"

"那就这么定了,我会安排一切,你准备好迎接新的挑战吧。"廖老板的眼睛亮了起来,他很高兴小黎接受了他的提议:"小黎!我对你有信心,相信你会做得成功。"

随后,两人相视一笑,共同期待着未来的美好前景。

夜晚,小黎独自坐在桌前,目光扫过冷冷清清的餐厅,内心十分不平静,这里是他创业几年的心血,他有些酸楚。但他心想,廖老板的合伙投资方案和全方位的支持,无疑为他提供了坚实的后盾。

而小黎也有些疑惑,非亲非故的廖老板为什么信任自己?

小黎或许认为,这就是生意人的商业惯性吧,看好一个人、看好一件事,就大胆地干。或许廖老板也如同自己的性格一样。

这个决定对小黎来说,无疑是一个全新的开始。他将离开这个充满回忆的美丽小镇,去往一个全新的国度,开启一段全新的旅程。

而这一切,都源自于一个人脉的建立,一个偶然的对话,一个意外的机遇,和一个充满信心的决定。

## 三

二〇一九年的仲夏时节，小黎带着廖老板的期待和对未来的无限憧憬，踏上了前往柬埔寨首都金边的旅程。

他的目的地是桑园区万景岗一分区的一处商业街。店铺是他和廖老板之前就定好了的。

在这里他将开启在国外打拼的创业之路。

小龙坎老火锅餐馆，装修如期展开。但他很快就遭遇到了难题。由于二〇二〇年越南新的政策，原本预计很快就能通过边境检查的订制建材，被滞留在关口。这导致了装修进度的严重拖延，也给小黎带来了巨大的压力和时间上的紧迫感。

在那段时间里，小黎不断地与制造商协调，寻求解决办法，以确保能在预定时间内完成装修工作。

尽管面对重重困难，小黎并没有放弃。随着装修工程的逐步完成，他把注意力转移到了开业前的各项准备上。为了确保火锅店的品质，小黎决定从国内空运新鲜的牛肉和其他陆运地道食材。

随着试业日期的临近，小黎的心情愈发紧张。他深知，餐馆的成功与否很大程度上取决于食材的新鲜度和质量。然而，国内冷链路运的食材却因越南加强检疫而延期到货。

这突如其来的变故使得小黎陷入了前所未有的焦虑之中。

每当夜深人静时，小黎总会坐在桌前，翻看着手中的食材供货清单，心中充满了无奈和焦虑。他不停地催促货运公司，希望能够加快进程。

小黎跟我讲，他没想到在柬埔寨开餐馆会遇到意想不到的麻烦。一是装修材料完全要国内订制，在这里他们根本做不了；二是货运时间不确定因素太多，你要提前多预留一些时间；三是无论是陆运或是空运，费用贵得离谱。

"德崇—扶南运河的开通，就会从根本上解决上述的一些问题。"我也引用柬埔寨现任首相洪玛奈的话说，"柬埔寨人民可以用自己的鼻子自由呼吸了！"

"那时，扶南运河项目还未启动呢。但现在的施工进展，我们都在关心着。"小黎话里充满期待地看着我说，"我们盼望它能早日通航。"

据新鲜新闻网 (Fresh News)，由中方援建的德崇—扶南运河，是柬埔寨的国家级战略项目，工程预计耗时四年，至二〇二八年完工。该项目从首都金边南于白马港出海，覆盖人口达一百六十万人。其主体工程部分包括三座运河交通导航站，以及十一座跨河桥梁，双向航道能够确保载重吨位达三千吨的船只同时通过。二〇二四年八月五日，项目开工典礼在干拉省见榬县举行，标志着这项耗资十七亿美元的历史性重大工程正式启动。

在那段时间里，小黎几乎每天都在与货运公司的电话中度过，反复协商解决方案。

小黎声音中带着一丝焦急："你好，我是小黎，我想咨询一下，我食材现在到哪里了？"

货运公司在电话那头沉默了一会儿，然后缓缓地说："黎老板，非常抱歉，由于各种原因，我们的运输确实受到了一些影响。如果您赶急，我建议您可以考虑从其他地区调货，或者尽快与供应商沟通解决。"

小黎听后，心中五味杂陈。他深知货运公司也很无奈，但更让他担忧的是餐馆的试业。他问道:"那我该怎么做才能尽量减少食材延误带来的影响呢?"

货运商思考了一下,说:"您最好要求总部提前进行,因路途上不确定的因素会太多。同时,你也可以联系当地的供应商,看看是否有合适的食材替代品。"

小黎听后,心中涌起了一股暖流。

经过自己的辛苦努力,二〇二〇年国庆节那一天,餐馆终于迎来了试业的日子。小黎穿着西装站在门口,看着熙熙攘攘的人群,心中充满了期待和激动。

廖老板带着工厂的一众管理团队的到来,让小黎感受到了莫大的兴奋与鼓舞。

"老板,您不是去欧洲了吗!"小黎激动地问道,"什么时候回厂的?"

"出差也要赶回!"廖老板笑道,"我突然出现,也是想给你一个惊喜嘛。"

试业当天,餐馆的生意异常红火。许多顾客慕名而来,品尝了小龙坎老火锅的美味后赞不绝口。

小黎和员工们忙得不亦乐乎,但他们的心中却充满了喜悦和自豪。

随着时间的推移,餐馆的生意越来越好。每天都有大量的顾客光临,餐馆的口碑也在金边逐渐传开,许多中国顾客都是因为口碑相传,专程前来品尝美食,同时也感受到家乡菜的温度。

小黎的每一步创业成长,都凝聚着他不懈的努力和对美食事业的热爱。在廖老板独到的市场洞察力鼓舞下,他的餐馆逐渐在金边市场崭露头角。小黎心中的感激之情溢于言表。他知道,没有廖老板的信任和支持，他在异国的创业梦想或许还只是遥不可及的幻想。

在追求餐饮卓越的道路上，小黎从未停下探索的脚步。他深知，每一位顾客的满意都是他事业前进的动力。因此，他不断推陈出新，研发出一系列既满足中柬人的口味，又不失创意的美食。无论是辛辣刺激的菜肴，还是清淡养生的汤品，小黎的餐馆都能为顾客提供。

小黎密切关注着顾客的每一次评价，他相信，匠心的细节决定成败。从新鲜食材的选择到烹饪技术的研磨，从服务态度的调整到餐厅环境的营造，小黎都力求做到尽善尽美。他明白，顾客的满意不仅仅来源于美味的食物，更来自于整体的用餐体验。

在当下这个竞争如潮的市场浪潮中，小黎敏锐地洞察到，创新之力乃推动事业前进的源源不断的源泉。他孜孜不倦地研习前沿的管理智慧，吸纳米其林指南的精髓，并导入先进的智能服务流程，确保其餐馆能够不断突破顾客的期待。正是这种永不满足、锐意进取的精神，使小黎的餐馆在群芳争艳的餐饮行业中独树一帜，跃然成为金边市场上炙手可热的网红餐厅。

## 四

二〇二一年，对于小黎而言，是充满机遇的又一年。在金边这座繁华的城市中，他开设的餐馆以其独特的风味和优质的服务赢得了广大食客的一致好评。

小龙坎的第一步在金边获得成功，不仅在于其食材的新鲜，更在于他对市场的敏锐洞察和对顾客需求的精准把握。在日常经营中，小黎发现金边的餐饮市场虽然繁荣，但卓越的中餐品牌相对较少，这给了他很大的发展空间。于是，小黎决定进一步扩大餐馆的规模，不仅仅是为了增加收入，更是为了让更多人品尝到家乡的味道。

除了经营现有的餐馆，小黎还计划在金边的其他区域开设分店，以覆盖更多的消费者群体。为此，他开始积极考察各个潜在的地点，包括繁华的商业街区、居民区以及旅游景点。通过实地调研和与当地居民的交流，他发现金边桑园区和西港是两个极具潜力的市场。这两个地方不仅人口密集，而且中国人消费水平较高，非常适合开设新的餐馆。

"光是我考察的一家对标门店，足足花了我一个月的时间。"小黎对我说，"从早到晚，守在人家餐馆的附近或某个角落观察。有时我感觉自己像做贼一样心虚。"

"市调嘛，就是如此。"我回复道，"可你为什么不找手下人来干呢？"

"在国外的创业初期嘛。"小黎有不好意思，"我想亲力亲为，不然，后续出现不利的情况，没法补救。"

小黎深知，要在竞争激烈的市场中脱颖而出，光有好的地点还不够，还需要精心策划和准备。他开始着手筹建这两家新餐馆，并制定了详细的开店计划。

在筹备金边旗舰店的过程中，小黎遇到了不少挑战。首先是选址问题，经过多次考察，最终选定了位于桑园区的一处繁华地段。这里不仅交通便利，而且周边聚集了众多高档购物中心、办公楼和中国人居住的小区，能够吸引大量的商务人士和华人。然而，租金也相对较高，这让小黎不得不精打细算，确保每一分钱都花在刀刃上。

接下来在装修设计上，小黎希望新店不仅能满足顾客的口味需求，还能营造出温馨舒适的用餐氛围。因此，他邀请了几位知名设计师参与设计，并亲自参与方案的讨论和调整。店内采用了大量木材和玻璃材质，营造出中国古建筑风貌与明亮宽敞。墙面则装饰着中国传统的壁画和书法作品，既体现了东方文化的底蕴，又不失现代感。此外，他还特别设置了开放式厨房，让顾客可以近距离观看厨师的操作过程，增加了用餐的乐趣。

在菜单设计方面，小黎也进行了精心策划。除了保留原有的招牌菜之外，他还引入了一些新的特色爆款菜品。这些菜品不仅口感独特，而且价格适中，能够满足不同层次顾客的需求。

与此同时，小黎也在紧锣密鼓地筹备西港店。西港是一个充满活力的城市，以其美丽的海滩和丰富的夜生活而闻名。在这里，小黎选择了一个黄金位置作为新店地址。这个地方不仅人流量大，而且地理位置优越，除餐厅内老火锅菜系服务外，还适合开展户外烧烤活动。为了适应西港的特色，他在菜单上增加了更多海鲜类菜品，同时还推出了多种菜酒艺术搭配，以满足不同顾客的需求。

为了确保新店的顺利开业，小黎还特意聘请了一批经验丰富的员工，并对他们进行了系统的培训。他强调了团队协作的重要性，并鼓励员工发挥创意，提升服务质量。

为了两家店的开业能获得成功，他特别邀请了当地媒体和多位知名华人美食博主前来试吃，并拍摄了一系列短视频，通过社交媒体平台进行宣传推广，吸引了大量关注。

二〇二一年八月，小龙坎金边旗舰店和西港店同时开门迎客。当天，两家新店迎来了第一批客人，场面热闹非凡。

小黎讲，两家新店开业后，不仅为他带来了可观的经济效益，更为柬埔寨的餐饮市场注入了一股新的美食地标。小龙坎的品牌影响力也因此得到了进一步提升。

我想，小黎凭借着自己的努力和商业智慧，在金边开餐馆的扩张之路上取得了惊喜。他用自己的实际行动证明了"走出去敢拼，世界就是你的家"的誓言。

而对于小黎来说，金边与西港不仅仅是城市，更是他实现梦想的舞台，是他用心经营的家园。

# 五

"为什么一定要申评米其林三星餐厅呢?"我有些疑惑,"它能帮到些什么?"

"拓宽来柬的旅游客和商务客市场。"小黎回答道:"这些顾客在到达城市之前,一般会在网上关注当地的美食,米其林指南推荐就为餐厅增加流量带来了可能。"

"当然,除了自身的经营理念外,米其林的评定标准可以让餐厅进行持续的改进与追求。"小黎继续说道:"如在食材质量、大厨烹饪技巧、菜品创意呈现、烹饪水准的一致性、酒水搭配文化、消费性价比、服务质量和客人的用餐体验等,小龙坎是做得最好的。"

"我的亲身体验已感觉到了。"我回应道。

"评选标准相当严苛。"小黎的话带着一份初心和自信继续说道,"只有在各个方面都取得了最高水平的餐厅,才能得到米其林指南的认可和推荐。"

"听说西港在二〇一九年之前,突然冒出几百家中式餐馆。"我试图转移话题,"它们现在怎样了?"

"据我所知,倒的倒,关的关。有资金支持的,而且出品与服务好的,现在都满血复活了。"小黎有些感触地说道:"做餐饮似乎门槛低,大家都想尝试,有些还想赚快钱,不专业、不专注肯定是不行的。"

我想,那些能够在困境中存活下来的餐馆,无一不是在出品与服务上下了真功夫。它们不仅提供了人间美食,更提供了一种文化体验，一种家乡情感的链接。

"还有个问题，在柬员工的工资是如何打回国内的？"我带着疑惑地问。

"我们的中籍员工是在中国银行（香港）金边分行或西港支行，或工商银行分行办理的。"小黎回补充回答道，"在这些银行里，非正规合法企业的员工是无法办理银行卡的。"

"这很好！"我赞许道，"这样的措施无疑增加了账户的安全性，为防范洗钱和非法资金流动提供了坚实的屏障。"

"是的，"小黎也赞同道，"不仅能够保障自己的财产安全，也有助于我们员工在当地社会树立良好的形象。"

"那你企业的中柬员工比例是多少？"我好奇地问，"国家在这方面有规定吗？"

"按照企业发展与员工培养计划，我们逐步提高本地化的员工数量，以解决更多的当地员工就业。"小黎自豪地说道，"目前中籍人员只占6.7%，达到了柬埔寨《劳工法》雇佣外国人一般不超过所雇佣的柬籍员工总数的10%的相关规定。"

当晚，我和小黎边走边谈，来到了离小黎西港餐饮店不远处的海边，海边的夜晚犹如小龙坎的菜香一样让人着迷。在湾岸边新建的偌大的广场上，中国人、当地人、外国人正在享受着夜晚的惬意与美好。抒情的音乐在空气中悠悠飘荡，伴随着轻柔的微风，让人不禁沉醉其中。广场中央，一群当地男女青年正在狂欢，他们的动作矫健有力，仿佛在诉说着青春与活力。广场的一端，一群中国大妈正在快乐地跳着广场舞。而在广场的另一角，一些家庭和朋友们围坐在一起，享受着自带的美食与交谈的乐趣，孩子们的欢笑声此起彼伏，为这和谐的夜晚增添了几分热闹与翻腾。

夜幕渐浓，天空逐渐被点亮，对面楼宇五彩斑斓的霓虹灯映照在海面上，与天空中的星星交相辉映，构成了一幅厚重美丽的画卷。人们纷纷拿出手机，记录下这难忘的瞬间，想要将这迷人的夜晚永远留在记忆中。

在这个充满活力的海边，夜晚的魅力不仅仅在于它的美丽景色，更在于它所传递出的温馨与和谐。无论是当地居民还是远道而来的游客，都能在这里找到属于自己的那份轻松与愉悦。这个夜晚，对于每一个人来说，除了有中华美食的难忘体验外，还有一段海边风情的美好回忆。

"你今后，还有什么打算？"我沉思了片刻，继续说道，"比如是回国或是在外发展。"

"我到柬埔寨，才刚刚在路上。"小黎的话带有一些谦虚，但心中充满着愿景，"我想好了，先深耕柬埔寨市场，做好品牌的影响力，然后再把发展的触角延伸到东南亚华人多的地方，如新加坡、马来西亚、泰国等都市。我的这些计划，也得到了合伙人廖老板的赞同。"

"深耕市场，确实是一条能够持续发展的道路。"我回应道，试图从另一个角度去理解小黎的雄心壮志，"但是，这是一条漫长而又须执着的道路。"

小黎点了点头，似乎对我的话深有感触。他继续讲述着自己的计划："我还计划在当地开展一些公益活动，只有这样，企业才能真正融入当地，得到长久的认可和支持。"

他的话语让我感到震撼，一个年轻的创业者，不仅有着远大的商业抱负，更有着深切的社会责任感。这种品质，在当今的商业环境中显得尤为可贵。

我期待着小黎的未来会有更大的发展。

同时，我也希望他回归家乡，为当地的发展做出积极的贡献！

告别小黎时，已是凌晨二点了。

他在创业的路上……

我在码字的矩阵里……

# 湄公河上的彩虹

## 一

二〇二三年八月上旬的一天,来自华南地区的年轻教师林雨霞,怀揣着对华文教育的热爱和传播知识的渴望,向亲人道别,向学校领导与同事们道别。此次到柬埔寨,她肩负着党和人民的重托,兴奋的她即将踏上柬埔寨援教之路。她深知,"一带一路"建设的重要性,以及语言在其中的基础性作用。

林雨霞自豪地讲,她能到国外去支教,这是她的一份神圣而崇高的使命,是她人生旅途中不可多得的机会。

在飞机上,林雨霞透过舷窗俯瞰着蜿蜒的湄公河,河流像一条玉带般在大地间穿梭,熠熠生辉。她的心中涌动着一股暖流,那是对即将开始的新生活的期待。

林雨霞暗自下定决心,要在这片异国的土地上撒下中文的种子,用知识的力量点亮孩子们的心灵。她想象着自己站在讲台上,用普通话娓娓道来,孩子们聚精会神地听着,眼神中闪烁着好奇与向往。那一刻,她感到无比的自豪和满足,仿佛已经看到了那些稚嫩的脸庞因学习中文而绽放的笑容。

八月八日晚,当林雨霞与援柬教师一行四人抵达柬埔寨金边国际机场时,学校领导早已等候在那里,他们不仅带来了鲜花和礼物,更带来了一颗颗温暖的心。尽管时间已晚,但学校领导的热情丝毫未减,他们逐一紧握住林雨霞一行老师的手,用流利的中文表达了最诚挚的欢迎。

这一刻,林雨霞感受到了前所未有的归属感,她知道,在这个陌生的国度,她并不孤单。这次经历,将成为她生命中最珍贵的记忆之一,永远铭刻在心。

八月二十五日,柬埔寨公立华侨学校迎来了一场特别的欢迎会。会上,中国驻柬埔寨大使馆驻西港领办负责人武传兵参赞发表了重要讲话,他鼓励支教老师们不仅要传授中文知识,更要成为中柬文化交流的使者。他强调,每位援柬老师都肩负着培养更多优秀中文人才的重任,同时要做好中柬文化的传播者,中柬友谊的传承者和中柬务实合作的推动者。

林雨霞认真聆听着武传兵参赞的话语,心中充满了坚定和信念。她深知,这不仅仅是一份工作,更是一份责任和使命。

林雨霞相信,在这样一个温馨的柬校大家庭里,她能够和教师们一道快乐地工作、幸福地生活,以自己的能和智慧书描绘一道中柬友谊的彩虹。

## 二

林雨霞在出国之前,心想在柬埔寨这个陌生的国度里,会面对陌生的同事和学生,会面对各种条件与国内的不同。那时,她的内心掀起过小小的波澜。但当她进入华侨学校后,她惊喜地发现普通话在这里几乎是老师们的共同语言,学校里除后勤的一些职员外,老师几乎都使用汉语交流,这让她迅速融入到了环境之中。

八月二十八日,林雨霞正式开始了她在柬埔寨华侨学校的教学工作。她站在讲台上,面对着一双双充满期待的眼睛,教学经验丰富的她,心中还是有点紧张与激动。

林雨霞跟我讲,她来到班上才发现,在校读书的学生大多是华人的后代,还有一些是柬埔寨当地的孩子和外国企事业员工的子女。他们对中文的理解并不多。学生们的年龄也参差不齐,如一年级班上最大的孩子有十来岁,最小的却只有五岁左右。因此,她需要付出更多的精力与耐心。

虽然与学生交流并不顺畅,但学生们对老师们的喜爱之情溢于言表。

"当地学生喜爱支教老师的具体表现在哪些方面?"我有些好奇地问。

"比如,在上课前,年龄大一点的学生会主动到办公室,问问老师需不需要帮忙拿教具到教室等。"林雨霞回答说:"他们中的大多数学生不会说中文长句,就说'帮忙'来表达自己的心意。"

"那平日里,当地学生对支教老师的态度呢?"我再问道:"比如,学生与老师迎面时。"

"孩子们看到中国来的老师，都会停下脚步和让道，并热情地打招呼。如遇当地一些节日，还会拿自家种的如香蕉、芒果等水果作礼物送给老师。"林雨霞笑着说："这些温暖让我非常感动并充满干劲，我希望能教会他们更多，让他们在不同的国家都能够听到中文。"

"学生们因年龄和所掌握的中文有差异，"我进一步问道，"在跨文化交流方面，这意味着你将会付出更多的耐心与心血。"

"我喜爱课堂，喜爱孩子们，课堂是我每日开心的源泉。"林雨霞表示："外派教师需要克服当地的环境和语言的差异，是一段需要爱心呵护的长途旅行，也是一份播种希望的工作，它能让孩子们实现跨文化的交流与理解，也感受灿烂的中华文化。"

我在林雨霞的话语中感悟到，教育的真谛在于培根铸魂、启智润心，而海外华文教育的意义更在于留住中华文化的根，是一项"留根工程"。

林雨霞讲，在上课时，她需要从最基本的汉字和拼音开始教起，用生动有趣的教学方法来吸引学生的注意力。这期间，她要不停地做动作、画简笔画、看图片来和学生交流。

林雨霞每当看到孩子们露出会心的微笑，或是听到他们用生疏却又认真的声音念出一个个汉字，她便感到无比的欣慰和满足。

林雨霞渐渐发现，这里的学生们虽然条件有些艰苦，但他们对知识的渴望和对中文的兴趣丝毫不逊色于国内的学生们。她决定要尽自己最大的努力，为这些孩子打开一扇通向世界的大门，让他们通过学习中文了解更多的文化和知识。

## 三

在柬埔寨的支教生活，林雨霞感觉自己并不轻松。她每周只能休息一天半，除了承担包括语文和数学二十节左右的正课之外，她每天还要坐行政值班，这意味着她需要在学校里待命，处理各种日常事务，如协助老师管理班级、组织活动等。但林雨霞没有半点怨言，她深知自己肩负的责任重大，她希望通过自己的努力，为孩子们带来更好的学习机会。

因当地学生基础和教学方向的差异，林雨霞展现出了她的教学创新精神和适应性。林雨霞深知，要实现教学的有效性，就必须根据当地学生的基础和教学方向的差异，对成熟的教育教学资源进行本土化的改造和再优化。

期间，林雨霞深入研究当地的教材和教学大纲，确保教案内容既符合当地教育部门的规定，又能贴近学生的实际水平。在教案中，她巧妙地融入了地方文化元素，使教学内容更加生动有趣，易于学生接受与感知。

试卷的编制同样考验着林雨霞的智慧。她深知试卷不仅要考查学生的知识掌握情况，还要反映学生的思维能力和创新精神。因此，在编制试卷时，她注重题目的多样性和开放性，鼓励学生发挥想象力和创造力。同时，她还结合了地方教育的评价标准，使试卷更具针对性和有效性。

除了教学，林雨霞还积极参与学校的各种活动，与同事们一起组织各种文化活动，如书法比赛、中文演讲比赛等。她认为，课余活动是学生放松身心、拓宽视野的重要途径。因此，让学生在轻松愉快的氛围中学习和成长，也增进了师生之间的感情。

二〇二四年，在全柬华校"大使奖"现场作文大赛中，林雨霞所辅导学生取得前所未有的好成绩。她说，自己有幸能为学校增添荣耀而倍感自豪。

林雨霞在支教的时间里，她还利用业余时间走访了一些当地学生的家庭，深入了解学生们的生活环境，以便更好地帮助他们。

在一次到一名叫张小玲的家访中，林雨霞发现张小玲的家庭条件有些困难，但她却对学习中文有着超乎寻常的热情。林雨霞被张小玲的执着所感动，决定给予她更多的关注和支持。她不仅在课堂上给予阿玲更多的指导，还在课外时间帮助她补习功课和为她购买学习用品。之后张小玲同学的进步让林雨霞更加坚定了继续支教的决心，她相信，只要用心去关爱每一位学生，就能帮助他们克服困难，实现梦想。

在支教的过程中，林雨霞深刻感受到中柬两国文化的差异和交融。她积极参与学校组织的各类跨文化交流活动，与当地教师和学生共同探讨两国文化的特点和共通之处。

在林雨霞支教的半年后，她在所带的班里组织了一场别开生面的"中柬文化之花"的活动。活动当天，她通过学校的帮助，邀请了柬埔寨当地艺术家表演传统舞蹈和音乐，同时也安排了当地学生进行中国书法与绘画展示。当天，学生们互动似乎比国内活跃，整个校园都充满了欢声笑语，学生们对两种文化的互动表现出浓厚的兴趣。

通过这次活动，柬埔寨独特的风土人情和文化氛围，让林雨霞加深了对柬埔寨文化的理解，也让柬埔寨的学生们对中国文化有了更深的认识。

林雨霞意识到，文化交流不仅能增进两国人民的友谊，还能促进彼此间的相互理解和尊重。

## 四

然而,支教之路并非一帆风顺。林雨霞也面临着许多挑战,包括语言障碍及亲情长离别的不适应。她需要不断调整自己的方法和心态,以应对这些挑战。

有一次,由于语言沟通与理解的问题,林雨霞和一位学生发生了一点小误会,导致课堂氛围一度紧张。林雨霞没有气馁,而是主动找那位学生谈心,耐心解释自己的意图,并倾听学生的意见。最终,两人达成了一致,随后的课堂气氛十分活跃。

通过这件事让林雨霞明白,作为一名教师,不仅要具备扎实的专业知识,还要有良好的沟通能力和解决问题的能力。通过不断的学习和实践,林雨霞逐渐成长为一名优秀的支教教师,赢得了学生和同事们的尊敬和喜爱。

林雨霞跟我讲,她每天为备课、写教案、上课、改作业忙得不亦乐乎,这成了她的教学日常。但她最难熬的,还是那种远离亲人的愧疚感。

一天傍晚,林雨霞结束一天的教学刚回到办公室,此时,微信信息声在她的手机屏幕上响起,她拿起手机,屏幕上是丈夫发来的信息。

"夫人,我刚刚收到父亲的消息,说母亲的身体有些不适并已住院治疗。我知道你支教不能回来,我会去照顾她的,你也要保重身体,我随时告诉你家里的状况。"

林雨霞的眉头紧锁,她的眼神中充满了担忧。她迅速回复道:"我知道你辛苦了,谢谢你一直以来的支持。母亲的身体状况如何?"

"医生说,母亲的情况还比较稳定,我会随时关注母亲的病情,如果需要你回来我会立刻告诉你。"丈夫的回复很快就到了。

林雨霞感到心中一阵温暖,虽然不能立刻回到家人身边,但她知道丈夫在为她和母亲担心。她深吸了一口气,继续回复:"好的,我相信医生的判断,同时请你要多关心一下,有情况及时告诉我。"

"放心吧,我会的。你也要注意身体,别让自己太累了。"丈夫的关心让林雨霞感到莫大的宽慰。

放下手机,林雨霞的眼眸中却隐约显露出一种无法言喻的沉重与担忧。她知道,远在他乡的她,无法随时陪伴在母亲身边,这种无力感与内心的愧疚感交织在一起,如同无声的叹息在她的心中回响。

自那次事件发生后,每当夜深人静之际,林雨霞总会不禁想起远方的家人和父母。她多么希望能立刻回到他们的怀抱,倾诉内心的思念与担忧。然而,在教学工作中,她依然保持着乐观的心态,认真备课,用心教学。她深知,自己能做的就是努力工作,为当地的孩子们营造一个更优质的学习环境。

在柬埔寨支教的那些日子里,林雨霞不仅是知识的传递者,更是温暖与爱的播撒者。她课余时间总是陪伴在孩子们身边,与他们分享生活琐事,关注他们的学业进步,传递着无尽的关怀与鼓舞。

林雨霞感慨万分,尽管对家人的思念如潮水般涌动,但她仍然坚守岗位,不离不弃。这样的坚持不仅为当地孩子们带来了希望与光明,也让她的内心世界得到了丰富与成长。

## 五

林雨霞在公立华侨学校支教，不仅收获了不同文化背景下的丰富教学经验，更重要的是收获了自己心灵的成长。

她见证了学生们从最初的懵懂无知到后来的自信开朗，感受到了他们对知识的渴望和对未来的憧憬。这些变化让她深深体会到，教育的力量是无穷的，它能够改变一个人的命运，甚至影响一个国家的未来。她也开始更加珍惜自己的工作，每一次看到学生们取得进步，她都会感到无比的喜悦和满足。

林雨霞意识到，自己不仅仅是一名教师，更是孩子们心中的引路人，用知识和爱心照亮他们的前行之路。

随着支教工作的深入，林雨霞对未来充满了期待。她希望能够继续留在柬埔寨，为更多的学生提供优质的教育资源，帮助他们实现人生的梦想。她也希望能够在中柬文化交流方面做出更大的贡献，推动两国人民之间的友谊和合作。

林雨霞相信，通过自己的努力，一定能够在这片土地上种下更多希望的种子，让它们生根发芽，开出美丽的花朵。

在未来的日子里，林雨霞将继续用一颗炽热滚烫的心，书写湄公河上的彩虹故事。

我想，"一带一路"建设为柬埔寨华文教育发展提供了更加广阔的空间和机遇。尤其近年来，许多中资企业到柬埔寨投资兴业，华校培养的柬中双语人才，在推动中柬各领域交流合作中作用越来越大。这是中柬共建"一带一路"所带来的深刻影响，也是中国经济与文化发展惠及周边伙伴的有力体现。

像林雨霞一样肩负国家重托与使命的支教老师，虽然因环境因素和文化差异造成他们的工作不易，但他们仍能在异国他乡用自己的力量与智慧，为孩子们铺就一条通向未来的道路，并收获教育的希望和友谊。他们的支教是起点，但作为中柬文化的传播使者，他们的使命却没有终点。一批接一批的援教老师，不断传承着这份职责，让中柬友谊的花朵永远绽放，光彩夺目。

他们是湄公河上的彩虹，永远绚丽与光彩照人！

# 后记

《柬漂》终于出版了,我所接触过的"柬漂"和朋友们都纷纷发来信息,给我道喜。我想,这也是他们自己的一份欣喜吧。我感激他们!也祝愿他们的未来在异国他乡过得更好!

看过一宁在《"血奴"背后的西港:我在柬埔寨的这三年》的文章,他在柬工作和生活了三年多,每逢亲戚、朋友问起在哪里发展,总会遭遇一些虽无恶意、但仍然异样的眼光。他说,在柬埔寨的中国人并不像自媒体新闻和大众印象里那样,都和违法犯罪、杀猪盘、电信诈骗有扯不清的关系。在西港,我们遍布在柬各行各业中,开餐厅、中国超市,进工厂,或是在各种背景的企业单位中工作,也都是正规合法的行业。他希望来自国内的误解可以更少一点,对他们可以更多一些理解和善待。

我便走进了这群"柬漂"人中,而我自己似乎也成了"柬漂"中的一员,我为之欣喜。

在柬埔寨走访的前期,白天,尽我所能去克服各种困扰,深入他们工作与生活中的每一个角落,去细听他们的声音,感受他们对梦想与生活追求的气息,一心一意想尽早去揭开他们的真实经历。

夜晚，我常常"虚堂人静不闻更，独坐书床对夜灯。"可时间与时空还是不由人，近五年的时间让我走得有些漫长，有些跌跌跄跄，有些长离别对亲情与家庭责任的愧疚。

据柬埔寨柬单网，二〇二四年十一月十二日，柬埔寨王国首相洪玛奈（Hun Manet）在世界林氏企业家大会上呼吁，希望外国旅客和投资商帮助传播在柬埔寨所见所闻的真实信息，以消除有关误导和影响柬埔寨声誉的假新闻。

我想，在那些日子里，虽然岁月不言，却见证了所有人心。虽然时间不语，却回答了所有的问题。

在《柬漂》的写作过程中，我时常伴随着担忧与反复的修改。我担心，书中所记录的一些经历者的言辞可能会触动读者的情感。然而，我深知，无论是在柬的中国公民还是柬埔寨民众，他们都是一群真诚、善良、守正且充满拼搏精神的人，这是他们的人生底色。忠实于他们言语的原本，传达他们的真挚善意，这既是我向他们表达敬意与尊重的一种方式，也是一种人性的证词。

在我走访的"柬漂"人中，他们大多来自偏远山区的农村。我始终在想，山里的人，耕种得了那一片青绿，却耕耘不出来梦想。他们漂泊打拼，去追寻那份柴米油盐的光泽。他们把岁月交给远方，把亲情留在故里。男人在躬身负重前行，女人在弯腰驮负未来。

有人说："柬漂"人像两只双脚不能落地的鸟，或许无法建好同一个巢，来温暖自己的亲情。

但我想，在"柬漂"的岁月里，人们的生活似乎被赋予了复杂的色彩。虽然外表看来，他们的生活平淡无奇，但其中却蕴含着无数情感与抉择的交织。他们的日子并不轻松，反而充满了挑战与压力。

在"柬漂"人的生活中,孝道、忠义、教育、生活与情感等责任如同交织的线,在未知的前行中不断碰撞与权衡。他们需要在这些责任之间寻找平衡,却往往在身不由己的颠沛中顾此失彼,难以两全。这便是"柬漂"人的真实写照。

他们背井离乡,远离熟悉的土地和亲人,面对的是陌生的环境与挑战。他们努力工作,为的是给家人一个更好的生活,为的是实现自己的梦想。然而,在追求这些目标的过程中,他们常常感到身心疲惫。

孝道,让他们牵挂远方的父母;忠义,让他们在困难面前坚持原则;教育,则是他们希望给予孩子更好的未来的期望;而生活与情感的波折,更是让他们的人生充满变数。在这复杂交织的责任网中,他们不得不面对种种挑战和抉择。

然而,正是这些挑战和责任,构成了"柬漂"人生活的独特韵味。他们在逆境中成长,在挑战中寻找机会,在责任中寻找力量。他们的生活或许并不完美,但却充满了真实的人性光辉。

有道是:"莫愁千里路,自有到来风。"他们中的每一个人,都有说不完的经历与故事。

《柬漂》的话题是我所关心的对人性的探索,并表达出对生活的思考和对人性的理解。也希望通过这部作品,让广大读者对柬埔寨有更深入的正向解读;对中柬政府"一带一路"合作有更深的理解;对中柬两国人民跨文化交流与互鉴有更深的体会。

我无法想象《柬漂》最终的质感,那如同一段未知的旅程,充满了未知与考验。然而对于我来说,心中早已明晰我所追求的究竟是什么。这并非仅仅是对一个个生动人物经历的堆砌,而是对那些真实生活中的人物与事件的深刻挖掘与再现。我所能做的,就是把我所知晓的人、所了解的事，都一一记录下来并呈现于纸面，以让同时代的人得以看见，也让后来人得以窥见。不仅看见书中的那些鲜活的人和事，也能看见那些未曾被人注意，被岁月隐匿的沉默角落与生命。这，便是我所能倾注的最大努力。

《柬漂》的成功付梓出版，得益于朋友们的大力支持与帮助；得益于家人的理解与鼓励。在此，我深表感谢！

www.ingramcontent.com/pod-product-compliance
Lightning Source LLC
Chambersburg PA
CBHW071236070526
44583CB00017B/2211